거시경제 원리와 응용

거시경제 원리와 응용

저 자 강재택
발행인 한헌주
발행처 경문사
주 소 서울시 서대문구 독립문로 21-9 1층
전 화 02) 738-7035
팩 스 02) 722-4678
E-mail : kmsp@korea.com
http://www.kmsp.co.kr
2019년 8월 5일 발행

정가 20,000 원

ISBN 978-89-420-0912-1 93320

저자 소개

■ 성명 : 강 재 택(KANG Jae Taeck)

jetkang@inha.ac.kr

인하대학교 금융투자학과 교수

■ 학력

- 1982. 연세대학교 경제학과.
- 1991~1993. 파리 13대학교, 국제경제학과(DEA)
- 1997~2000. 파리 13대학교, 국제경제학과(Ph.D)

■ 경력

- 1982~2019.2. 한국은행 브뤼셀 주재원, 위탁관리팀장, 국제연구팀장, 외환시장팀장, 외환업무부장, 충북본부장, 인재개발원 주임교수
- 2012. 국립외교원 글로벌리더쉽 과정(5기) 수료

■ 저서

- 국제금융체제 개편 논의(2003.1. 한국은행)
- 생활속의 환율(2008.4. 경문사)
- 21세기 통화전쟁(2014.12. 매일경제신문사)
- Macroeconomics : Principles and Their Applications(2018.9. 경문사)

■ 강의

- 금융연수원, 금융투자교육원
- 한국은행 인재개발원, 금융감독원
- 연세대학교, 중앙대학교, 충북대학교, 청주대학교, 서원대학교

머리말

이 책은 아래와 같이 기존의 거시경제학 책과 다른 각도에서 집필되었다.

1. 거시경제학의 주요 내용을 14개의 논점으로 정리하였다. 대학의 한 학기가 16주로 구성되어 있는데 여기에서 중간고사와 기말고사 주간을 제외하고 14주에 매주 하나의 논점을 이해할 수 있도록 구성하였다.

   다만, 일부 논점은 내용이 방대하여 2주에 걸쳐 논의하도록 설계하였다. 그 예로는 국제경제학 I, 국제경제학 II가 있다.

2. 매주 공부할 각 주제에 대해 기초 개념부터 시작해서 심화이론까지 학습할 수 있도록 관련되는 주요 내용을 가급적 연계하여 설명하였다. 또한 필자가 중앙은행에서 근무 하는 동안 이론을 실제 현실에 적용할 때 느꼈던 한계를 그 때 그 때 관련 부분에 설명하였다.

   이에 독자들은 각 주제별로 기초 개념을 이해하고 이어서 세부 내용, 현실 적용 및 한계, 그리고 이에 대한 대안의 모색까지 체계적으로 생각할 기회를 갖게 될 것이다.

3. 논리의 전개를 중시하였다. 거시경제학은 우리의 현실 생활과 관련된 거시경제 관련 주요 이슈를 설명하는 학문이다. 따라서 이 책의 독자들은 최근 세계와 우리나라의 거시경제 상황을 이해하고 그 대안을 제시하는 논리적 전개를 습득하게 될 것이다. 여기서 중요한 것은 거시경제학의 흐름을 순수한 경제학적 관점에서만 바라보는 것이 아니라 정치경제학적 관점에서도 넓게 이해하는 것이다.

오늘날의 세계 경제와 금융시장은 주요국의 정책 방향, 글로벌 리스크에 크게 영향 받고 이는 연쇄적으로 상호 영향을 미치고 있다. 소규모 개방경제인 우리나라의 거시경제를 이해하려면 글로벌 경제는 물론, 정치적 이슈들을 함께 이해해야 한다.

이 부분이 바로 이 책이 지향하는 새로운 시각이다. 필자는 그동안 중앙은행에 근무하면서 기존의 경제학 이론으로 현실을 설명할 수 없는 경우를 많이 경험했고 그 이유를 찾으려고 노력했었다. 이 책에는 이러한 고민의 결과가 담겨있다. 독자들은 이 책을 통해 이론경제학과 현실경제학의 차이를 느껴볼 수 있을 것이다.

4. 대학의 경제학도는 물론 일반인들에게도 많은 도움이 될 것이다. 최근에는 학문간의 경계가 약해지고 여러 분야의 융합적인 사고가 중시되고 있다. 거시경제 문제를 경제학은 물론 정치경제적 사고, 세계화와 글로벌 금융시장과 연계시켜서 종합적으로 판단할 수 있는 능력이 요구되고 있다. 이러한 판단은 각종 논술시험이나 면접 등에서는 물론 거시경제 관련 각계의 실무적 판단에서도 중요하다. 거시경제 관련 주제에 관해 큰 안목에서 체계적으로 논리를 전개하는 능력을 키우는 데 도움이 될 것이다.

이 책을 쓰는 동안 많은 도움을 준 한국은행 동료들에게 감사한다. 그리고 이 책을 출판해 주신 경문사 한헌주 대표님과 직원분들게 깊은 감사를 드린다.

이 책이 거시경제학을 이해하고 거시경제 이슈를 큰 안목에서 바라보기를 원하는 독자들에게 도움이 되기를 기대한다.

2019. 8.
강 재 택

차 례

제 1 주 국민소득의 측정 : GDP

Macroeconomics

1 개념

— 경제 데이터는 경제 현실에 대한 정보를 체계적이고 객관적으로 제공한다.

- 3대 거시경제 데이터: 거시경제를 이해하는 데 필수적인 세 가지 데이터로는 통상 GDP(Gross Domestic Product, 국내총생산), CPI(Consumer Price Index, 소비자물가지수), 그리고 실업률(unemployment rate)이 거론된다.

— GDP : GDP는 한 나라에서 일정 기간에 생산된 재화와 용역의 시장가치 총액이다.

- 한 나라에서
  - 한 나라 안에서 생산된 재화와 용역이 GDP에 포함된다. 따라서 한 나라에 거주하는 외국인이 생산한 재화인 경우에도 GDP에 포함된다.
- 일정기간
  - GDP는 통상 매분기 또는 매년 단위로 측정된다. 분기별 GDP 데이터는 연간기준으로 변환되는 경우가 있는데 이를 연율화(annualization)라고 한다.
- 재화
  - 여기에서 재화는 최종재를 의미한다. 따라서 중간재는 최

종재의 생산과정에 투입되는 재화일 뿐 그 자체가 최종재는 아니므로 GDP에 포함되지 않는다.

- 예를 들어, 설탕이 커피에 넣어 먹으려고 구입되는 경우에는 이 설탕이 최종재로 소비되므로 GDP에 포함된다.

  그러나 설탕이 제과점에서 빵을 만드는 재료로 구입되는 경우에는 이 설탕이 최종재로 소비되는 것이 아니라 빵의 중간재로서 투입되는 것이다. 이 설탕은 GDP에 포함되지 않고 단지 최종재인 빵의 가치만 GDP에 포함된다.

■ 용역

- 용역이란 손으로 만지고 느낄 수 없는 생산품(intangible products)으로 제조된 물품이 아니다. 경제가 발전할수록 GDP에서 용역이 차지하는 중요성이 점점 더 커지고 있다.

■ 시장가치

- 시장이란 합법적 시장을 의미한다. 따라서 어떤 재화나 용역이 지하경제에서 불법으로 거래되는 경우는 GDP에 포함되지 않는다.
- 시장가치란 시장에서 형성된 가격으로 측정가능한 가치를 의미한다. 따라서 가사노동과 같이 시장가격으로 그 가치를 측정할 수 없는 경우는 GDP에 포함되지 않는다.

— **GDP : 소득과 지출의 항등성**

- 한 나라 경제 구성원들의 총소득은 그 나라 재화와 용역의 산출에 대한 총지출과 같아야 한다. 그 이유는 모든 거래에는 매수자와 매도자가 있고 매수자의 지출은 매도자의 소득이 되기 때문이다.

2 GDP의 구성 요소

— **GDP는 총지출 측면에서 볼 때 네 가지 요소들로 구성된다.**

$$Y = C(Y-T) + I(Y, i) + G + NX(X-M)$$

Y : 국내총생산
C : 소비
$(Y-T)$: 소득에서 세금을 차감한 가처분소득
I : 투자
i : 이자율
G : 정부지출
NX : 순수출로서 수출과 수입의 차이$(X-M)$

- 소비 : $C(Y-T)$
  - 소비는 가계가 구입한 재화와 용역을 의미한다. 여기서 재화는 내구재와 비내구재를 모두 포함하는데, 내구재로는 자동차, 기계 등을 예로 들 수 있고 비내구재로는 의복류, 야채 등을 예로 들 수 있다.

- 중고품은 GDP에서 제외된다. 그 이유는 중고품은 이번 기에 생산된 것이 아니며 과거 생산되었을 때 이미 GDP에 포함되었기 때문이다.
- 귀속 임대료(imputed rents) : 집 소유자는 스스로에게 임대료를 지불하는 것과 마찬가지이며 이를 귀속 임대료라 한다. 귀속 임대료는 집 소유자의 소비에 포함되어 있는 것으로 간주한다. 그 이유는 만일 집이 없었다면 임대료를 지불해야 하는 만큼 소비를 할 수 없었을 것이라는 논리가 가능하기 때문이다. 이 귀속 임대료는 유사한 여건의 집 임대료를 기준으로 추정하여 산출되며 이 추정치 만큼 집소유자의 소비가 늘어난 것으로 간주한다.
- $C(Y-T)$: $C(Y-T)$는 곧 소비는 소득에서 세금을 납부하고 난 후의 가처분소득에 의존함을 의미한다. 가처분소득이 늘어나면 소비가 늘어나며 가처분소득이 증가할 때 소비가 증가하는 정도를 한계소비성향(marginal propensity to consume, MPC)으로 부른다.

■ 투자 : $I(Y, i)$

- 투자는 재화를 미래에 사용할 목적으로 구입하는 것을 말하며 이러한 재화는 새로운 자산인 자본을 증가시킨다. 투자에는 세 가지 유형이 포함될 수 있다.

  ① 기업의 고정투자 : 기업의 고정투자로는 새로운 공장이나 장비에 대한 투자를 예로 들 수 있다.

② 주거용 고정투자 : 주거용 고정투자는 새 집을 구입하는 경우를 말한다. 가계가 새 집을 구입하는 경우 이는 투자의 일종으로 간주된다. 그 이유는 가계가 향후 그 집에서 주거 서비스를 얻기 위해 새 집을 구입한 것이기 때문이다.

③ 재고투자 : 재고투자는 기업이 생산한 재화[1] 중 아직 판매되지 않은 것을 말한다. 이러한 재화들은 생산은 되었으나 아직 소비되지 않았고 향후에 사용되기 위해 남아 있기 때문에 투자로 분류한다.

- 재고투자는 GDP 성장률은 분석할 때 신중한 판단이 필요하다. 만일 한 나라의 높은 GDP 성장률이 주로 재고증가의 결과에 의한 것이라면 이러한 높은 GDP 성장률이 경제성과가 좋음을 나타내는 것은 아니기 때문이다.

  재고의 증가는 소비가 당초 예상보다 부진했고 이에 따라 경제의 총수요가 생산보다 저조했음을 의미한다. 재고가 증가하면 기업은 재고가 소진되기 전에는 신규투자를 하기 어렵고 따라서 향후 경제의 생산이 감소할 것이기 때문에 경제상황이 좋지 않음을 나타낸다. 단순히 GDP 성장률이 높은 것만으로 경제상황을 판단하는 것은 옳지 않다.

---

1) 여기서 재화에는 제품의 가공단계에 따라 제품재조에 사용되는 초기 단계의 원재료, 원재료를 가공중이나 아직 제품으로 완성되지 못한 재공품, 제품으로 완성되었으나 아직 판매되지 않은 완제품의 세 가지 형태가 모두 포함된다.

따라서 GDP 성장률 데이터를 해석할 때에는 각 구성요소의 변화를 구체적으로 파악하여야 현실 경제 상황을 올바르게 이해할 수 있다.

- $I(Y,i)$: $I(Y,i)$는 곧 투자 결정은 산출과 이자율에 의존함을 의미한다.

  ① 산출이 증가하면 소득 증가를 통해 판매가 늘어나고 따라서 재고가 감소한다. 이에 따라 기업은 생산을 늘리기 위해 투자를 늘리게 되므로 산출과 투자 간에는 양(+)의 관계가 성립한다.

  ② 이자율이 상승하면 기업의 신규 설비투자를 위한 차입비용이 늘어나고 투자가 감소한다. 따라서 투자와 이자율 간에는 음(−)의 관계가 있다.

■ 정부지출(G)과 세금(T)

- 정부는 세금(T)으로 마련한 재원으로 재정정책을 수행하기 위해 정부지출(G)을 한다. 세금을 늘리면 가계의 가처분소득($Y-T$)이 줄어 소비가 줄어들고 정부지출을 증가시키면 가계의 소득이 늘어서 소비가 증가하는데 그 효과의 크기가 승수효과에 따라 다르다.

  ① 정부지출 증가(ΔG)의 효과 : 정부가 지출을 ΔG만큼 증가시키면 총수요가 ΔG만큼 증가한다. 이 ΔG를 받은 소비자는 여기에 한계소비성향(marginal propensity to consume, MPC)을 곱한 $\Delta G \cdot$ MPC만큼 소비를 증가시킨다. 또한 이를 받은 상대방은 여기에 다시 MPC를 곱한 $\Delta G \cdot \text{MPC}^2$만큼 소비를 증가시킨다. 이러한 과정이 끊임없이 계속 진행된다.

경제 전체적으로 총수요가 늘어나는 총 효과는 다음과 같은 과정으로 이해할 수 있다.

$$\Delta G + \Delta G \cdot \text{MPC} + \Delta G \cdot \text{MPC}^2 + \cdots$$
$$= \Delta G(1 + \text{MPC} + \text{MPC}^2 + \cdots)$$
$$= \Delta G \cdot \{1/(1 - \text{MPC})\}$$

② 정부의 세금 감축(ΔT)의 효과 : 정부가 세금을 ΔT만큼 줄이면 그만큼 가계의 가처분소득이 늘어나게 된다. 늘어난 가처분소득은 소비증가를 유발하는데 여기서 소비증가의 크기는 가계의 한계소비성향에 영향을 받게 된다.

따라서 정부의 세금감축으로 인해 늘어나는 최초 단계의 소비증가는 ΔT 자체가 아니라 ΔT에 한계소비성향을 곱한 값인 $\Delta T \cdot$ MPC만큼임에 유의해야 한다. 이로부터 $\Delta T \cdot \text{MPC}^2$를 받은 거래상대방은 받은 $\Delta T \cdot$ MPC에 MPC를 곱한 $\Delta T \cdot \text{MPC}^2$만큼 소비를 증가시킨다. 이러한 과정이 끊임없이 계속 진행된다.

경제 전체적으로 총수요가 늘어나는 총 효과는 다음과 같은 과정으로 이해할 수 있다.

$$\Delta T \cdot \mathrm{MPC} + \Delta T \cdot \mathrm{MPC}^2 + \Delta T \cdot \mathrm{MPC}^3 + \cdots$$
$$= \Delta T(\mathrm{MPC} + \mathrm{MPC}^2 + \mathrm{MPC}^3 + \cdots)$$
$$= \Delta T \cdot \{\mathrm{MPC}/(1-\mathrm{MPC})\}$$

- 만일 정부가 세금을 ΔT 만큼 늘리고 동시에 동일한 규모만큼 정부지출을 $\Delta G(\Delta G = \Delta T)$ 만큼 늘리면 이러한 정책의 효과로 두 가지 측면의 산출증가 효과를 기대할 수 있다.

① 첫째, 상이한 승수효과로 인한 산출증가를 아래와 같은 과정을 통해 기대할 수 있다.

$$\Delta G \cdot \{1/(1-\mathrm{MPC})\} - \Delta T \cdot \{\mathrm{MPC}/(1-\mathrm{MPC})\},$$

여기서 $\Delta G = \Delta T$ 이므로

$$= \Delta G \cdot [\{1/(1-\mathrm{MPC})\} - \{\mathrm{MPC}/(1-\mathrm{MPC})\}]$$
$$= \Delta G \cdot \{(1-\mathrm{MPC})/(1-\mathrm{MPC})\}$$
$$= \Delta G$$

정부지출 증가가 산출증가로 이어지는 양(+)의 승수효과가 세금증가로 인해 소비가 감소하는 음(−)의 승수효과보다 커서 경제 전체적으로 ΔG 만큼 소비 증가 효과를 기대할 수 있다.

② 소득 계층간 상이한 한계소비성향에 기인하여 산출 증가효과를 기대할 수 있다.

세금징수 증가는 주로 상대적 부유층에 집중되고 정부 지출 증가는 주로 저소득층을 위해 쓰여진다. 그런데 부유층의 한계소비성향이 저소득층의 한계소비성향보다 일반적으로 낮다. 따라서 부유층에 대한 증세로 감소하는 소비 규모보다 저소득층에 대한 지출증가로 증가하는 소비 규모가 더 클 것으로 기대할 수 있다. 경제 전체의 총수요와 산출 증가를 기대할 수 있다.

- 정부가 채권발행을 통해 조달한 재원으로 정부지출을 ΔG 만큼 늘리는 경우 정부지출의 긍정적 효과를 상쇄할 수 있는 요소를 두 가지 측면에서 고려할 수 있다.

① 첫째, 구축효과(驅逐效果, crowding out effect)를 고려해야 한다.

한 나라의 경제에는 채권을 살 수 있는 능력의 크기가 제한되어 있으며 이에 따라 채권에 대한 수요 또한 제한되어 있다. 채권을 사는 사람은 채권을 발행하는 사람에게 신용을 제공하는 것과 같은 의미를 가지므로 이처럼 채권에 대한 수요가 제한적이라는 의미로 신용가용성(credit availability)이 제한적이라고 한다.

이처럼 제한적인 신용가용성 하에서 만일 정부가 예상외로 국채의 발행을 늘리는 경우를 가정해 보자. 국채 이외 다른채권들, 예를 들어 회사채의 매입 여력이 줄어들게 되고 이에 대한 수요가 감소하게 된다. 수요가 감소하는 상황에서 회사채를 발행하려면 회사채를 더 싸게 발행해야 하고 발행금리가 상승하게 된다. 회사채 발행금리의 상승은 기업의 조달금리 상승을 의미하며 시장금리의 상승을 의미하기도 한다.

국채의 발행증가로 인한 시장금리의 상승은 투자의 비용증가를 의미하므로 투자의욕을 저해하고 산출을 위축시킨다. 이러한 현상을 구축효과라고 하는데 정부의 국채발행이 시장에서의 회사채 수요를 밀어내고 (驅逐) 이에 따른 시장금리 상승으로 결국 기업의 투자와 산출이 감소하기 때문이다.

② 둘째, 자국통화 절상효과(appreciation effect)를 고려해야 한다.

개방경제하에서 이자율 상승은 산출증가 효과를 상쇄하는 또 다른 요인으로 작용할 수 있다. 한 나라의 이자율이 오를 것으로 기대되면 이 나라 자산(예 ; 예금, 채권 등)에 대한 투자의 기대수익이 상승한다. 다른 나라의 이자율에 대한 기대치가 변하지 않는다고 가정하면 이 나라 자산을 구입하기 위해 이 나라 통화에 대한 수요가 증가하게 되고 이 나라 통화의 가치 상승으로 수출경쟁력이 약화된다. 수출이 감소하고 수입이 증가함으로써 순수출 감소를 통해 총수요와 산출 감소의 요인이 된다.

- 정부가 소비진작을 위해 세금을 ΔT 만큼 감축할 때 이로 인한 승수효과를 상쇄시키는 요인으로서 소위 "Ricardian Equivalance"를 고려할 수 있다.

  세금 감축에 따라 가처분소득이 일시적으로 늘어나지만 소비자들이 늘어난 이 가처분소득을 모두 소비할 수 있는 것은 아니다. 정부가 세금을 감축하면 재정적자가 발생하게 되는데 재정적자는 영원히 지속될 수 없기 때문에 결국 가까운 미래 언젠가는 정부가 다시 세금을 올릴 것이기 때문이다. 소비자들은 일시적으로 증가한 가처분소득의 일부를 향후의 세금증가에 대비해 저축하게 되고 이에 따라 세금감축이 가져오는 승수효과는 당초의 기대보다 작아지게 된다.

  늘어난 가처분소득 중 얼마나 많이 저축하는가는 향후 세금증가 가능성에 대한 소비자들의 기대에 의해 결정된다. 만일 소비자들이 매우 보수적이어서 향후 세금증가 가능성에 대비해 늘어난 가처분소득 전부를 저축한다면 감세의 가처분소득 증가효과는 모두 상쇄될 수도 있다. 이러한 지적이 리카도(David Ricardo)에 의해 제기되어 "Ricardian Equivalance"로 불리고 있다.

■ 순수출 : $NX(X-M)$

- 순수출(net export, NX)은 수출(export, X)과 수입(import, M)의 차이($X-M$)를 의미한다.

- 수출은 한 나라에서 생산된 재화나 용역이 외국인에 의해 구매된 것을 의미한다. 이 경우 재화나 용역은 국내 거주자가 구매하지 않았기 때문에 소비, 투자 또는 정부 지출에 포함되지 않지만 자국 내에서 생산되어 GDP에 포함시켜야 한다. 따라서 GDP의 한 부분으로서 수출 항목으로 분류하고 수출만큼 GDP를 증가시킨다.
- 수입은 재화나 용역이 자국 내에서 생산되지 않았으나 국내 거주자가 구매한 것을 말한다. 국내 거주자가 구매하였기 때문에 GDP의 항목인 소비, 투자, 또는 정부지출에 이미 포함되었으나 자국 내에서 생산되지 않았으므로 GDP에 포함되지 말았어야 한다. 따라서 수입액 만큼 GDP에서 차감해야 한다.
- 수출액이 수입액보다 크면 순수출이 양(+)이 되고 경상수지(current account)[2] 흑자가 된다. 반대로 수출액이 수입액보다 작으면 순수출이 음(−)이 되고 경상수지 적자가 된다.

2) (수출−수입)은 무역수지가 정확한 용어이지만 무역수지와 경상수지가 규모면에서 큰 차이가 없고 일상적으로 경상수지가 보다 자주 사용되는 용어이므로 이 책에서는 경상수지를 사용한다.

3 명목 GDP와 실질 GDP

— 명목 GDP : 경상가격, 경제 규모

- 명목 GDP는 한 나라에서 일정기간 동안 생산된 재화와 용역의 총액을 해당기간의 실제 시장가격, 즉 경상가격으로 표시한 것이다. 따라서 재화나 서비스의 생산량이 늘거나 경상가격이 상승하면 명목 GDP는 증가한다. 명목 GDP는 한 나라 경제의 규모나 구조를 보여준다.

표 1 주요국의 명목 GDP

(십억 달러)

	2013	2014	2015	2016	2017
United States	16,692	17,428	18,121	18,624	19,391
Euro area	13,195	13,498	11,668	11,940	12,607
China	9,635	10,535	11,226	11,222	12,015
Japan	5,156	4,850	4,395	4,949	4,872
Germany	3,754	3,897	3,377	3,479	3,685
United Kingdom	2,742	3,024	2,886	2,661	2,625
France	2,809	2,854	2,435	2,466	2,584
Korea	1,306	1,411	1,383	1,411	1,538
Norway	524	499	387	371	396
Luxembourg	62	66	58	59	62

자료: IMF

GDP

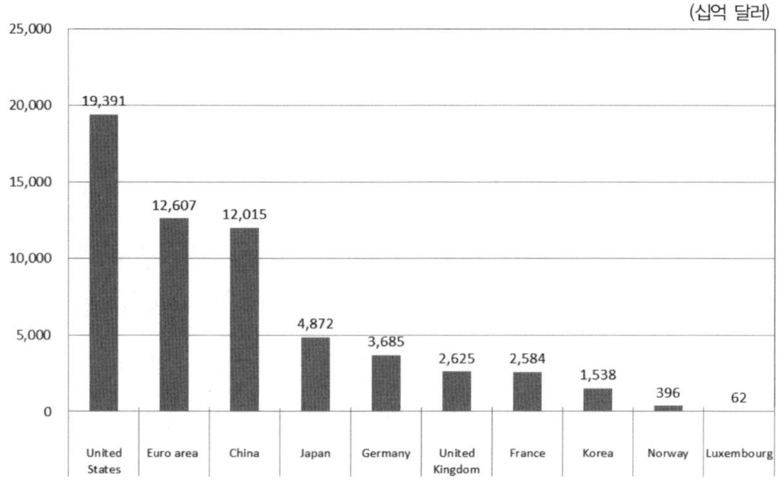

주: 1) 2017년 기준
자료: IMF

— 실질 GDP : 불변가격, 성장률

- 실질 GDP는 한 나라에서 생산된 재화와 용역의 가치를 불변가격으로 나타낸 것이다. 여기서 불변가격은 기준년도의 가격을 의미한다.
  - 따라서 실질 GDP는 생산된 재화나 서비스의 양이 증가할 경우에는 증가하지만 재화나 서비스의 가격 상승만으로는 증가하지 않는다.

- 실질 GDP는 경제의 성장이나 변동을 분석할 때 사용된다. 경제성장률은 아래와 같이 계산된다.

$$t\text{기의 경제성장률}(\%) = \frac{\text{실질 GDP}_t - \text{실질 GDP}_{t-i}}{\text{실질 GDP}_{t-i}} \times 100$$

연간 성장률 산출시 : $i=1$

분기 성장률 산출시 : $i=1$(전분기대비) 또는 $i=4$(전년동분기대비)

만약 $i=1$이면, t분기의 전분기대비 경제성장률을 의미한다. 이 경우 분기 경제성장률에 4를 곱해 1년 동안의 경제성장률 기준으로 변환하기도 하는데 이를 연율화(annualization)라고 한다. 분기의 경제성장률이 나머지 분기에도 동일한 추세로 지속된다는 가정하에서 사용가능한 방법이다.

만일 $i=4$이면, t분기의 전년 동분기대비 경제성장률을 의미한다.

— GDP 디플레이터(GDP deflator)

- t년도의 GDP 디플레이터는 t년도의 명목GDP를 t년도의 실질GDP로 나눈 비율을 의미하며 아래와 같이 산출한다.

$$\text{GDP 디플레이터} = \frac{\text{명목 GDP}_t}{\text{실질 GDP}_t} \times 100$$

- 실질 GDP가 변하지 않더라도 명목 GDP는 경상가격의

상승, 즉 물가상승의 효과에 의해 증가할 수 있다. 따라서 명목 GDP의 증가가 단지 물가상승의 효과에 의한 것인지 아니면 재화나 용역의 산출량 증가에 기인한 것인지를 구분하기 위해서는 명목 GDP를 실질 GDP로 나누어 관찰해야 한다. 만일 이 비율이 1보다 크면 이는 물가상승 효과에 기인한 것이다.

- GDP 디플레이터와 인플레이션
  - GDP 디플레이터는 한 나라 총생산의 전반적인 물가수준을 나타낸다. 따라서 GDP 디플레이터가 전년에 비해 상승하는 경우에는 한 나라 총생산의 전반적인 인플레이션을 의미한다.

$$\text{인플레이션}(\pi_t,\ \%) = \frac{\text{GDP 디플레이터}_t - \text{GDP 디플레이터}_{t-1}}{\text{GDP 디플레이터}_{t-1}} \times 100$$

π_t : t기의 인플레이션(%)

— 잠재 GDP

- 잠재 GDP는 한 나라가 완전고용 수준의 노동력과 정상적인 자본활용을 통해 생산할 수 있는 수준의 GDP를 의미한다.
  - 잠재 GDP는 한 나라가 장기적으로 달성할 수 있는 GDP의 개념으로서 완전고용 산출량에 상응한 개념이다.

■ GDP 갭(gap) : GDP 갭은 실제 GDP와 잠재 GDP간의 차이를 의미한다.

GDP 갭 = 실제 GDP − 잠재 GDP

- GDP 갭이 양(+)의 값을 가지면 생산요소의 사용이 정상 수준보다 과하여 경제가 상승기 또는 과열 상태에 있음을 의미하며 따라서 수요측면에서의 인플레이션 압력이 있음을 나타낸다.
- GDP 갭이 음(−)의 값을 가지면 생산요소의 사용이 정상 수준에 못 미치고 경제가 수축기에 있음을 나타낸다.

— 구매력평가(購買力平價) GDP(Purchasing Power Parity GDP)

■ 각 나라의 물가 수준이 달라 각 나라의 통화는 물가수준을 감안할 때 각각 다른 구매력을 갖고 있다. 만일 A국가의 1인당 GDP가 50,000 달러이고 B국가의 1인당 GDP가 10,000 달러일 경우, A국가의 1인당 국민소득이 B국가의 경우에 비해 5배의 구매력을 가진다고 볼 수 있는가?

- A, B 양국의 물가수준이 정확히 동일할 때는 가능하다. 그러나 A국가의 전반적인 물가수준이 B국가에 비해 2배 수준으로 높다면, A국가 국민이 가지는 1달러의 구매력

표 2 주요국의 1인당 GDP

(달러)

	2013	2014	2015	2016	2017
Luxembourg	115,006	120,853	102,688	101,797	105,803
Norway	102,722	96,838	74,281	70,652	74,941
United States	52,737	54,657	56,411	57,559	59,501
Germany	46,545	48,119	41,345	42,250	44,550
France	44,105	44,572	37,866	38,205	39,869
United Kingdom	42,767	46,820	44,328	40,530	39,735
Japan	40,490	38,156	34,612	38,983	38,440
Korea	25,890	27,811	27,105	27,535	29,891
China	7,081	7,702	8,167	8,116	8,643

주: 1) 2017년 기준
자료: IMF

주요국의 1인당 GDP

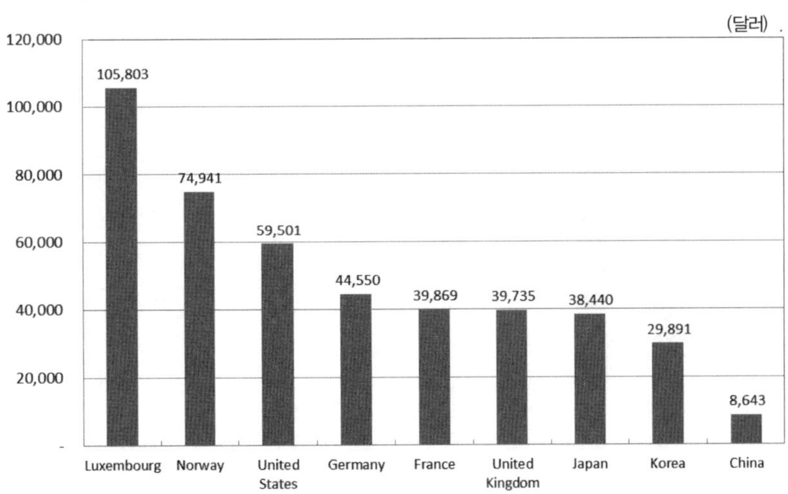

주: 1) 2017년 기준
자료: IMF

표 3 주요국의 구매력평가 GDP

(십억 달러)

	2013	2014	2015	2016	2017
China	16,689	18,229	19,698	21,290	23,159
United States	16,692	17,428	18,121	18,624	19,391
Japan	4,899	5,006	5,129	5,243	5,429
Germany	3,639	3,776	3,874	3,997	4,171
United Kingdom	2,510	2,633	2,724	2,812	2,914
France	2,542	2,612	2,669	2,735	2,836
Korea	1,699	1,787	1,857	1,934	2,029
Norway	335	347	358	367	380
Luxembourg	51	55	57	60	63

주: 1) 2017년 기준
자료: IMF

주요국의 구매력평가 GDP

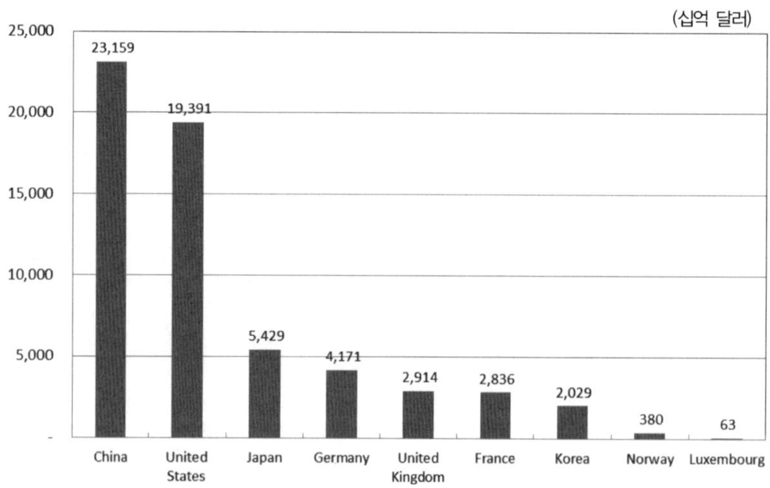

주: 1) 2017년 기준
자료: IMF

은 B국가 국민이 가지는 1달러의 경우에 비해 절반 수준에 불과하다. 이러한 점을 감안할 때, A국가 1인당 GDP는 구매력 면에서 B국가 1인당 GDP의 2.5배에 해당한다.

4 GDP의 한계

— GDP는 다른 경제지표에 비해 한 국가 국민의 생활수준을 가장 잘 나타내는 것으로 평가 받고 있으나 그 한계는 여전히 남아 있다.

■ 한계

- GDP는 각 나라별로 사회보장제도, 사회간접자본, 물가수준 등이 다른 점을 반영하여 실질적인 삶의 질을 나타내지 못하는 한계가 있다.
- 위에 언급한 요소들은 각 나라 국민들의 실질 가처분소득에 영향을 미치는데 GDP는 이러한 요소를 반영하여 그 차이를 설명하지 못한다.

■ 대안의 부재

- 위에 언급한 바와 같이 GDP는 여러면에서 그 한계를 보이고 있으나, 현재로서는 GDP를 대체할 다른 지표가 없는 상황이다. 이에 따라 경제학자들 사이에서는 이러한 한계를 극복하고 그 개선방안을 찾기 위해 많은 논의가 진행되고 있다.

5 GDP와 시장변수 간의 관계

— **GDP는 가장 중요한 거시경제 변수이다. 따라서 GDP 통계가 발표되면 시장 변수가 즉각 이에 따라 반응하게 된다.**

— **GDP 데이터의 발표에 따른 시장변수들의 반응은 3단계로 분석하고 이해할 필요가 있다. 여기서 3단계란 긍정적인 발표, 새로운 데이터, 위험선호 또는 위험회피(RO-RO, risk on-risk off)의 단계별 이해를 말한다. 미국의 GDP 데이터 발표 이후 달러화 가치의 반응을 예로 들어서 설명하겠다.**

■ 1단계 : 긍정적인 데이터

- 양호한 미국의 GDP 데이터는 미 달러화의 강세를 유발할 것으로 생각할 수 있다. 미국의 GDP 데이터가 좋으면 미국 자산의 가치상승이 기대되고 이에 따른 미국자산에 대한 수요증가로 미 달러화에 대한 수요증가가 예상되기 때문이다.
- 그러나 이러한 추론이 항상 성립하는 것은 아니다. 그 이유는 시장변수들은 현시점의 경제 데이터 자체에 반응하는 것이 아니라 그 데이터가 함축하고 있는 향후의 기대에 반응하기 때문이다. 다시 말하면, 시장변수들은 새로운 정보(news)에 반응하지 기존의 이미 알려진 정보에 반응하지 않는다는 것이다.

■ 2단계 : 새로운 정보(news)

- 시장변수들은 새로운 정보(news)에 반응한다. 그 이유는 기존의 공개된 정보(public informations)는 이미 시장변수들에 반영되었기 때문이다.

- 만일 미국의 GDP 데이터가 양호하고 동시에 기존의 기대치를 상회하면 시장참가자들은 미국 경제에 대해 보다 더 낙관적인 기대를 하게 되고 이에 따라 미국자산을 매입할 것이다. 미국자산의 매입에 필요한 미 달러화의 수요증가로 인해 미 달러화의 가치는 상승하게 된다.

- 만일 미국의 GDP 데이터가 양호한 수준이기는 하지만 기존의 기대치보다 낮은 경우에는 시장참가자들이 향후 미국 경제에 대해 덜 낙관적인 태도를 보이면서 미국 자산을 매도하게 될 것이다. 달러화에 대한 수요의 상대적인 감소에 따라 미 달러화 가치는 하락하게 된다.

■ 3단계 : 시장의 전반적인 위험선호 또는 위험회피 (Risk-On, Risk-Off, R-O, R-O)

- 2008년에 발발한 세계적 금융위기 이후 시장참가자들은 경제변수들에 대해 새로운 행태의 반응을 보였으며 이를 금융시장에서는 "Risk-On, Risk-Off"로 부르게 되었다.

  글로벌 금융위기 이후 시장참가자들은 세계 경제가 언제쯤 회복을 시작할 지에 관심을 집중하게 되었다. 이러한 상황에서 세계 주요국들의 경제지표가 호전됨을 보이고 이어서 미국의 경제지표도 호전되는 양상을 보인다면 시장참가자들은 이제 세계 경제는 위기에서 벗어나기 시작하는 것으로 기대할 수 있다.

시장참가자들이 상대적 고수익을 기대하면서 안전통화인 미 달러화를 팔고 상대적으로 고수익이 기대되는 호주달러화등을 사는 현상이 발생하였다. 즉, 미국 GDP 성장률이 예상보다 양호한 경우에 미 달러화를 팔고 호주달러화등을 사면서 미 달러화가 약세를 보인 경우가 수차례 발생한 것이다.

전통적인 경제학 이론과는 반대되는 이러한 현상은 시장참가자들이 개별국가의 경제지표 보다는 시장 전체적인 리스크에 우선 반응하여 리스크 자산을 취하는 행태인 "Risk On"으로 이해되었다.

물론 반대의 경우는 'Risk Off'로 이해되었다. 세계 경제가 회복되는 것으로 기대하였다가 주요국의 경제지표에 이어 미국의 경제지표도 예상보다 부진한 경우 아직은 세계경제의 회복이 불확실한 것으로 판단된다는 것이다. 안전자산을 매입하게 되는데 미 달러화가 안전자산이니까 미국의 경제지표가 예상보다 덜 좋은 상황에서 미 달러화를 매입하고 따라서 미 달러화는 강세가 될 수 있다는 것이다.

■ The Great Rotation

- 글로벌 금융위기 이후 새롭게 나타난 Risk-On, Risk-Off 현상은 이제는 시장에서 익숙한 현상으로 인식되고 있다.
- 최근에는 Risk-On과 Risk-Off가 시장용어(market jargon)로서 자주 사용된다.
- 시장참가자들의 행태가 개별국가들의 경제지표 보다 글로벌 시장 리스크에 우선적으로 반응하는 것으로 바뀌는 현상을 Risk-On 또는 Risk-Off로 부른다. Risk-Off에서 Risk-On으로 변하는 경우를 great rotation이라 부르고 또한 반대방향의 행태 변화는 reverse great rotation으로 부른다.

제 2 주 생활의 비용 측정 : 소비자물가지수

Macroeconomics

1 개념

— 소비자물가지수(CPI, Consumer Prices Index)

- CPI는 특정 그룹 재화와 서비스의 가격 수준을 가중치를 반영하여 평균적으로 보여준다.
- CPI는 GDP 디플레이터와 마찬가지로 하나의 지수이며 기준년도의 값을 100으로 설정한다.

— 근원물가지수(Core CPI)

- 근원물가지수는 가격의 변동성이 큰 식료품과 에너지류 가격을 제외하고 산출한 물가지수를 말한다.
- 예를 들어 지정학적 리스크의 증가등으로 유가가 매우 높게 상승하거나 이례적인 한파 또는 고온 등으로 식료품 가격이 빠르게 상승하면 소비자물가지수가 가파르게 상승하여 중앙은행의 물가안정 목표를 일시적으로 벗어날 수 있다.

  이 경우 중앙은행이 소비자물가지수에만 집착하여 긴축적인 통화정책을 수행하면 경제가 크게 위축될 수도 있다.

소비자물가지수(CPI)와 근원물가지수(Core CPI) 추이

■ Korea

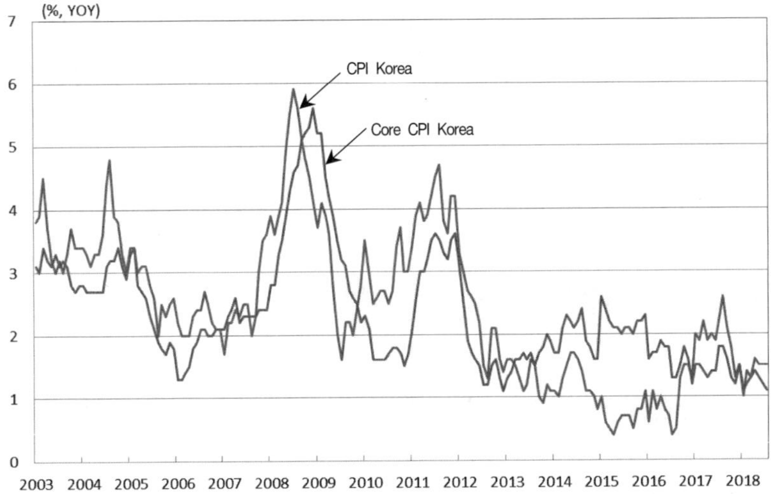

■ US

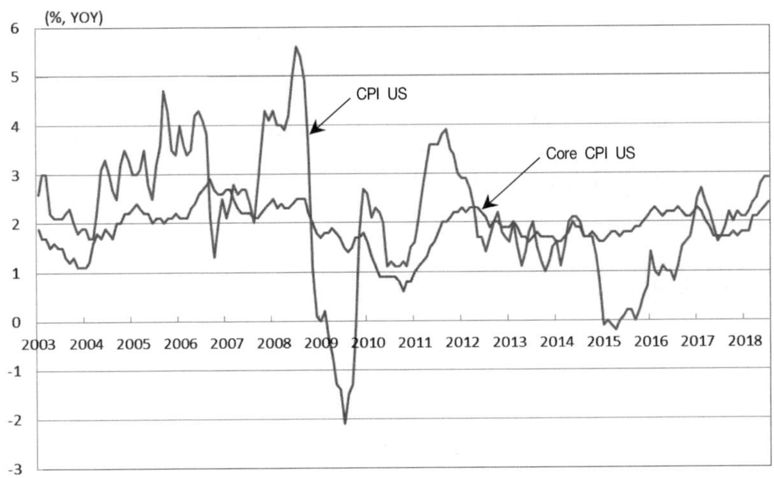

자료: 한국은행

만일 중앙은행이 소비자물가지수 뿐만 아니라 근원물가지수도 함께 살피면서 통화정책을 수행하는 경우에는 보다 신중하고 유연하게 경제현실을 반영하여 신중한 통화정책을 펼 수 있다. 따라서 중앙은행은 경제에 대한 불필요한 충격과 변동성을 피할 수 있다.

2 소비자물가지수의 산출

— 소비자물가지수는 2단계 과정을 거쳐 산출한다.

- 첫째, 주요 재화와 서비스의 품목들을 정하고 각 품목들에 대해 그 중요도를 감안하여 각각 다르게 가중치를 부여한다.

- 둘째, 기준년도를 선정한 후 100의 값을 부여하고 이와 비교하여 다른 년도들의 소비자물가지수를 산출한다.

— 인플레이션

- 인플레이션은 소비자물가지수의 전년도대비 변화율을 의미하며 아래와 같이 산출한다.

$$\text{인플레이션}(\pi_t, \%) = \frac{\text{CPI}_t - \text{CPI}_{t-1}}{\text{CPI}_{t-1}} \times 100$$

CPI_t : 당해년도의 소비자물가지수
CPI_{t-1} : 전년도의 소비자물가지수

3 생산자물가지수(PPI, Producer Price Index)

— 생산자물가지수는 기업이 재화를 생산하기 위하여 구입한 재화와 용역의 비용을 측정한다.

- 기업은 소비재를 생산하는 데 필요한 재화를 구입한다. 이러한 재화의 가격이 상승하면 기업의 생산비용이 증가한다. 기업은 적정이윤을 유지하기 위해 제품의 가격을 인상하게 된다.

- 따라서 생산자물가지수가 오르면 소비자물가지수도 따라서 오르게 된다. 이러한 측면에서 생산자물가지수는 소비자물가지수의 향후 방향을 나타내게 되고 생산자물가지수는 소비자물가지수의 선행지표(leading indicator) 역할을 한다.

소비자물가지수(CPI)와 생산자물가지수(PPI) 추이

■ Korea

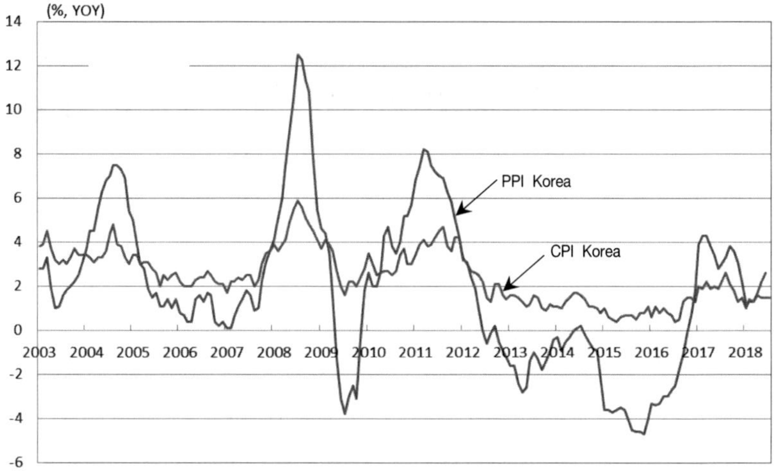

■ US

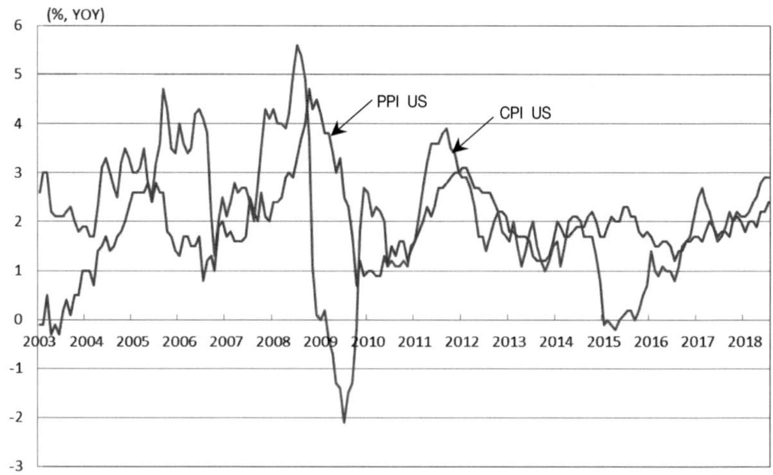

자료: 한국은행

4 소비자물가지수와 GDP 디플레이터

— **소비자물가지수와 GDP 디플레이터는 모두 소비재와 서비스의 물가동향을 보여주는 면에서 동일하다. 그러나 양자간에는 다음과 같은 차이점들이 존재한다.**

■ 자본재와 소비재

- 한 나라 안에서 생산된 자본재의 가격이 상승하는 경우 GDP 디플레이터가 상승한다. 그 이유는 GDP에 자본재가 포함되기 때문이다.
- 그러나 위의 경우 소비자물가지수는 변동이 없다. 왜냐하면 자본재는 소비재가 아니어서 소비자물가지수의 산출대상 재화에 포함되지 않기 때문이다.

■ 수입 재화

- 한 나라 안에서 소비된 수입재화의 가격이 오르면 소비자물가지수가 상승한다. 이들 재화가 소비재로서 소비자물가지수의 산출대상에 포함되는 경우 소비자물가지수가 상승하는 것은 당연하다.
- 그러나 위의 경우 수입된 소비재는 국내생산 재화가 아니기 때문에 GDP에 포함되지 않는다. 따라서 이들 재화의 가격 변동은 GDP 디플레이터에 영향을 미치지 않는다.

■ 재화별 가중치의 변동 여부

- 소비자물가지수는 각 재화와 서비스에 부여된 가중치가 변동 없이 적용되어 산출된다. 물론 기준년도의 변경과 같은 특별한 사유로 각 재화의 가중치를 달리 부여하는 경우는 예외이다.
- 그러나 GDP 디플레이터는 명목 GDP를 실질 GDP로 나누어 산출하기 때문에 명목 GDP와 실질 GDP에 포함된 각 재화들의 값이 변하면 그 재화의 가중치가 자동적으로 변하게 된다.

5 명목 이자율과 실질 이자율

— 인플레이션이 발생하면 명목 이자율의 실질 가치가 감소하게 된다. 따라서 인플레이션 이후에도 명목이자율의 실질 가치를 유지하기 위해서는 명목 이자율이 인플레이션만큼 높아져야 한다.

■ 만일 은행예금의 명목 이자율이 1년에 i%이고 인플레이션이 그 해에 π%라면, 실질 이자율은 $(i-\pi)$%가 된다. 이러한 관계는 다음과 같이 얻어 진다.

명목이자율에서 인플레이션 효과를 제거한 후의 이자율이

실질이자율이다. 따라서 $\frac{(1+i)}{(1+\pi)}=(1+r)$이다. 양변에 $(1+\pi)$를 곱하면 $(1+i)=(1+r)\cdot(1+\pi)$,

$1+i=1+r+\pi+r\pi,\ i\fallingdotseq r+\pi,\ i=r+\pi$

양변에서 1을 없애고 매우 작은 값인 $r\pi$를 무시하면 위와 같은 관계식을 얻는다.

— 사후적 실질 이자율(ex post real interest rate)과 사전적 실질 이자율(ex ante real interest rate)

■ 우리는 앞에서 이미 $i=r+\pi$의 식을 얻었다. 따라서 $r=i-\pi$라는 점을 알 수 있다.

- 사후적 실질 이자율 : 이미 존재하는 과거의 이자율과 인플레이션 자료를 이용하여 경제상황을 분석하는 경우에는 실질 이자율 $r=i-\pi$가 실제 존재하는 과거의 데이터이므로 사후적 실질 이자율이다.
- 사전적 실질 이자율 : 그러나 예를 들어 향후 투자계획을 수립하는 경우, 그 시점의 명목 이자율은 실시각으로 구할 수 있지만 인플레이션 데이터는 통계작성의 시차 등으로 얻을 수 없다. 이런 경우에는 인플레이션 데이터의 통계적 기대치 또는 추정치(π^e) 등을 사용하여 실질 이자율을 산출해야 한다. 따라서 실질 이자율 $r=i-\pi^e$는 실제 통계가 작성되기 전, 사전단계에서 추정한 실질 이자율이며 이는 사전적 실질 이자율이다.

중앙은행이 통화정책의 계획을 수립할 때 인플레이션의 향후 기대치를 사용하여 목표 실질 이자율 수준을 결정하게 된다. 이때 중앙은행의 목표 실질 이자율은 사전적 개념의 실질 이자율이다.

6 지수화(indexation)

— 지수화는 명목 이자율의 가치를 인플레이션으로부터 보호하기 위해 법이나 규정에 의해 채권이나 예금의 원금 금액이 인플레이션 만큼 자동적으로 조정되도록 하는 것을 말한다.

- 미 재무부는 인플레이션으로부터 보호되는 채권을 발행하는데 이 채권이 인플레이션 보호 재무부증권(TIPS, Treasury Inflation Protected Securities)으로 불리고 있다.
  - TIPS의 1기 후의 원리금은 다음과 같이 계산된다.
    원금 $\cdot (1+\pi) \cdot (1+i)$
  - 원금이 인플레이션 만큼 자동적으로 변하기 때문에 명목 이자율은 인플레이션에 상관없이 보장된다.
  - TIPS는 명목 이자율이 인플레이션으로부터 보호되기 때문에 TIPS의 발행 이자율이 통상적인 미 재무부증권의 발행 이자율보다 낮은 것이 일반적이다.

7 디플레이션

— **디플레이션 : 디플레이션은 물가수준이 전년도보다 낮아진 것을 의미하며 따라서 디플레이션 상황에서는 인플레이션이 마이너스이다.**

- 디플레이션 상황에서는 소비자들이 나중에 더 저렴한 가격으로 재화나 용역의 구매를 기대하면서 구매를 늦추게 된다. 따라서 재고가 증가하고 투자, 총수요, 산출이 감소한다.

— **디플레이션과 중앙은행의 통화정책**

- 아베노믹스 : 일본의 아베 총리는 2012년에 디플레이션으로부터 벗어나기 위해 소비자물가지수가 2%에 도달할 때까지 일본 엔화의 공급량을 무제한으로 늘릴 것이라고 발표하였다. 아베의 이러한 정책은 아베의 경제학 즉, 아베노믹스(Abenomics, Abe+Economics)로 불리고 있다.
  - 아베노믹스와 환율조작(currency manipulation) 논쟁 : 아베노믹스 시행 이후, 일본 엔화의 공급을 늘리는 아베노믹스가 일종의 환율조작인가에 대해 국제적인 논쟁이 있었다.

  환율조작 주장 : 일부 국가들의 주장은 아래와 같다. 아베

노믹스는 국제통화인 일본 엔화의 공급을 늘리면 엔화가 약세를 시현할 것이라는 점이 예견된 상황하에서 실시되었고 이로 인해 실제로 엔화가 달러화에 대해 큰 폭으로 약세를 시현하였다. 따라서 아베노믹스에 의한 엔화약세는 의도된 것으로 볼 수 있으며 이는 사실상(de facto) 환율조작에 해당한다.

일본의 방어 논리 : 일본은 아베노믹스 도입 이후 외환시장에 개입하여 엔화를 팔고 달러화를 사들여서 엔화의 약세를 도모한 적이 없으므로 아베노믹스는 환율조작이 아니라는 주장을 견지하고 있다. 아베노믹스 이후의 엔화 약세는 디플레이션으로부터 벗어나기 위해 엔화 공급을 확대한 정책의 부수적 효과일 뿐이라고 주장하고 있다.

미국의 일본 입장지지 : 미국은 G-20회의 등 국제사회에서 일본의 방어 논리를 지지하였다. 미국의 논리는 일본이 엔화 약세를 목적으로 외환시장에 개입한 적이 없으며 아베노믹스로 일본의 경제가 회복되면 이는 세계경제에도 이롭다는 것이다.

- 마이너스 금리 정책(NIRP, Negative Interest Rate Policy) : 일부 중앙은행들은 경기침체와 디플레이션 우려에서 벗어나기 위해 마이너스 금리 정책을 채택하였다.

표 4 마이너스 이자율 채택 국가

국가	도입	2016년
Eurozon	June 2014, deposit rate cut to −0.1%	−0.4%, since March 2016
Bank of Japan	2016 at −0.1%	Still in effect
Swedish Riksbank	Feb 2015, repo rate cut to −0.1%	Repo rate at −0.5%, since February 2016
Swiss National Bank	January 2014 at −0.25%	−0.75%, since January 2015
Denmarks Nationalbank	July 2012, main policy rate at −0.2%	−0.65%, since early 2016

주) 2019년 7월 현재 Swedish Riksbank만 Repo rate를 2019년 1월 1일 이후 －0.5에서 －0.25로 변경하였고 나머지 중앙은행의 이자율은 동일

자료: Negative Interest Rates, S&P Global, August 17, 2016

- 마이너스 금리 정책은 마이너스 금리가 사람들의 예금 동기를 약화시키고 반면에 소비 증가를 초래할 것이라는 기대하에 도입되었다.
- 만일 마이너스 금리가 도입되어 사람들이 본인의 은행예금에 대해 이자를 수취하지 못하고 오히려 예금보유 비용을 지불하게 된다면, 사람들은 본인의 은행예금을 줄이려고 노력할 것이다.

그러나 현실적으로 은행예금을 대신할 수단은 제한적이다. 거액의 현금을 집에 보유하는 것은 도난등의 위험을 수반할 뿐 아니라 보안 및 경비시스템을 구입하는 비용을 부담해야 하기 때문이다. 따라서 사람들이 수용할 수 있는 마이너스 금리의 한계는 사람들이 현금을 집에 보관하는 데서 초래되는 비용의 수준에 의해 결정될 것이다.

8 디스인플레이션(disinflation)

— **디스인플레이션 : 디스인플레이션은 인플레이션이 아직 양(+)인 상태에서 그 수준을 낮추는 것을 말한다. 중앙은행이 통화정책을 통해 인플레이션을 적절한 수준으로 낮추는 것이 디스인플레이션이다.**

- 인플레이션이 목표 수준보다 높아지면, 중앙은행은 목표이자율의 인상을 통해 긴축적인 통화정책을 수행한다.

- 이 경우 중앙은행은 목표이자율을 어느 정도 인상하면 인플레이션을 적절한 수준으로 낮출 수 있을지를 소위 통화정책 룰(Monetary Policy Rule) 또는 테일러 룰(Taylor Rule)에 기초하여 아래와 같이 추정한다.

$$ff_{target} = \pi + r_n + 1/2(\pi - \pi_{target}) + 1/2(\text{GDP Gap, \%})$$
$$ff_{target} - \pi = r_n + 1/2(\pi - \pi_{target}) + 1/2(\text{GDP Gap, \%})$$

ff_{target} : 연방기금 목표 이자율(the federal funds target rate),
r_n : 자연 실질 이자율,
GDP Gap(%) : GDP 성장률 – 잠재GDP 성장률
π : 인플레이션
π_{target} : 인플레이션 목표

• 시사점 : 위의 통화정책 룰은 만일 인플레이션이 목표 수

준을 1%p 초과하면 중앙은행은 연방기금의 실질 목표 이자율(the real federal fund target rate, 명목 $ff_{target} - \pi$)을 0.5%p 높여야 함을 의미한다(이 부분은 제9주에서 상세히 설명한다).

제 3 주 실업률과 필립스 커브

Macroeconomics

1 성인 인구의 구분

— 노동가능인구는 경제활동인구(labor force, L)와 비경제활동인구(not in labor force, NL)로 구분된다.

- 경제활동인구는 취업자(employed, E)와 실업자(unemployed, U)로 구성된다.
  - 취업자는 노동가능인구 중 취업할 의사가 있고 실제 취업상태에 있는 사람을 말한다.
  - 실업자는 노동가능인구 중 취업할 의사는 있으나 현재 취업하지 못한 상태의 사람을 말한다.
- 비경제활동인구는 노동가능인구 중 경제활동인구에서 제외되는 사람들을 말하며 그 이유는 이러한 사람들이 일자리를 구하고 있지 않기 때문이다. 따라서 이러한 사람들은 예를 들어 학생들의 경우처럼 취업 상태도 아니고 실업 상태도 아니다.

2 실업률(unemployment rate, u)

— 실업률은 미 연준을 포함한 주요 중앙은행이 통화정책을 수립하고 집행할 때 모니터링 하는 3대 주요 거시경

제지표의 하나이다.

— 실업률은 다음과 같이 산출된다

$$\text{실업률}(u) = \frac{\text{실업자 수}(U)}{\text{경제활동인구}(L = E + U)} \times 100(\%)$$

— 실업률이 갖는 의미 : 일반적으로 실업률이 중앙은행의 목표 수준 또는 장기균형 수준보다 높아지면, 이는 곧 경제의 활력이 중앙은행의 기대치에 못 미치는 것을 의미한다. 따라서 중앙은행은 이에 대응하여 보다 완화적 (accommadative) 통화정책을 펼치는 경향이 있다.

— 실업률이 갖는 한계와 노동시장 여건지수(LMCI ; Labor Market Condition Index)

- 실업률은 실제 노동시장의 상황을 제대로 보여주지 못하는 경우가 발생할 수 있다.
  - 구직활동의 포기 : 만일 어떤 사람이 구직활동을 포기하게 되면 이 사람은 경제활동인구의 산출대상에서 제외된다. 그러면 경제활동인구 통계와 실업자 통계가 같이 감소하게 되는데 경제활동인구보다 실업자 수가 더 작기 때문에 실업자 감소율이 경제활동인구 감소율보다 더 커서 실업률 수치가 줄어들게 된다. 그러나 실제로 실업자

가 감소한 것이 아니고 노동시장의 실제 상황도 변한 것이 없다.

- 불완전 고용 : 취업자 통계에는 취업자로 분류되지만 생활비를 벌기에 충분한 시간을 일하지 못하는 사람들이 포함되어 있다. 예를 들어 한국의 경우 고용통계 조사주간 중 1시간 이상만 일해도 취업자로 분류된다. 그러나 이 사람은 주당 1시간의 근무를 통해 생활에 필요한 충분한 급여를 얻을 수 없다. 이 사람을 완전한 취업자로 볼 수 없는 이유이다.

■ 노동시장 여건지수(LMCI, Labor Market Condition Index) : 미 연준과 주요국 중앙은행들은 위와 같은 실업률의 한계를 보완하기 위해 노동시장 여건지수를 노동시장의 보조지표로 사용하고 있다. 노동시장 여건지수는 노동시장 상황의 여러 측면을 지수로 보여준다.

3 실업률의 세부적 이해

— 자연실업률(natural rate of unemployment)과 경기순환적 실업률(cyclical unemployment rate)

■ 자연실업률 : 자연실업률은 경제가 인플레이션을 가

속화하지 않는 상태에서 정상적으로 작동할 때의 실업률을 의미한다. 인플레이션을 가속화하지 않는다는 점을 중시하여 NAIRU(non-accelerating inflation rate of unemployment)로 불리기도 한다.

- 경기순환적 실업률 : 경기순환적 실업률은 경제의 상승 또는 하락 주기를 반영하여 실제적으로 나타나는 실업률을 의미하며 자연실업률과는 편차를 보이게 된다.

— 구직활동과 마찰적 실업(frictional unemployment)

- 마찰적 실업은 노동에 대한 수요와 공급간의 불일치에 의해 발생한다. 이러한 불일치는 다음과 같은 요인들에 의해 일어난다.
  - 구직자가 선호하는 일자리나 구직자의 능력과 제공되는 일자리의 특성이 일치하지 않은 경우
  - 구직자 관련 정보와 제공될 일자리 관련 정보가 상호 공유되지 않는 경우
- 마찰적 실업은 경제의 부문별 전환(sectoral shift)에 의해서도 발생한다.
  - 새로운 산업부문이 발전하게 되면 이 분야의 노동 수요가 증가하고 다른 분야의 노동수요는 감소할 수 있다.

■ 마찰적 실업의 감소 정책

- 일자리 정보 공유 : 정부가 일자리 정보를 공개하면 구직자와 일자리간의 정보 불일치가 줄어들고 마찰적 실업도 감소할 것이다.

- 직업전환 교육 : 정부 재원으로 구직자들에게 직업전환 교육을 제공한다면 구직자들이 보다 쉽게 다른 분야로 전직할 수 있을 것이다. 구직자들은 이러한 교육을 통해 새로운 종류의 일자리에 보다 쉽게 적응할 수 있고 따라서 마찰적 실업은 감소할 것이다.

■ 실업수당 : 실업수당은 정부가 실업자들에게 일정기간 종전급여의 일정비율(예: 50%) 해당금액을 지급하는 것이다. 근로자들이 재직기간중 급여의 일정부분을 고용보험료로 납입하고 이 재원에 기초하여 정부가 실업자들에게 수당을 지급하는 시스템이기 때문에 실업보험으로도 이해되고 있다.

- 긍정적 효과 : 실업수당이 지급되면 실업자가 시간적 여유를 가지고 자기의 능력과 적성에 맞는 일자리를 찾을 수 있다.

- 부정적 효과 : 실업수당이 충분히 그리고 많이 지급될수록 실업자는 일자리를 찾는 노력을 적극적으로 하지 않을 수 있다. 따라서 구직활동을 게을리 하고 실업자로서 지내는 기간이 길어지는 등 도덕적 해이가 발생할 수 있다.

— 임금의 경직성과 구조적 실업(structural unemployment)

■ 최저임금제(Minimum wage) : 최저임금제는 기업이 종업원들에게 법으로 정한 최저임금 이상의 급여를 지급하도록 강제하는 제도이다.

노동시장의 균형과 최저임금

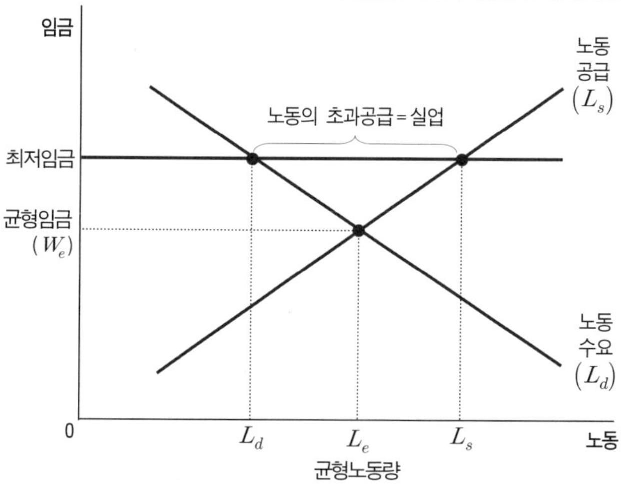

- 긍정적 효과 : 최저임금제가 도입되면 근로자들의 소득이 늘어나고 생활수준이 향상된다. 근로자들의 소득이 증가하면 이들의 소비도 늘어나서 경제의 총생산도 증가하게 된다.

- 부정적 효과 : 최저임금제는 여러 가지 부작용을 초래할 수도 있다. 첫째, 최저임금제로 인한 임금상승은 인플레

이션 압력을 증가시킬 수 있다. 둘째, 최저임금제로 인해 기업의 인건비 부담이 늘어나면 기업은 근로자들의 근로 시간을 단축시키거나 고용 자체를 줄일 수 있다. 셋째, 최저임금제에 의한 임금상승이 기업의 노동생산성 증가보다 높으면 기업의 경쟁력이 약해질 수 있다.

- 노동조합 : 노동조합은 임금의 단체협상 또는 파업 등의 수단을 통해 임금을 균형수준보다 높게 유지할 수 있다.
  - 긍정적 효과 : 노동조합은 다음과 같은 순기능이 있다. 첫째, 노동조합이 있음으로 해서 근로자들은 충분한 급여와 양호한 근로조건을 확보할 수 있다. 둘째, 노동조합은 근로자들을 부당한 근로나 해고로부터 보호할 수 있다.
  - 부정적 효과 : 노동조합은 다음과 같은 역기능도 있다. 첫째, 노동조합에 의해 임금이 균형수준보다 높게 결정되면 기업은 고용을 감축할 수 있고 실업이 증가할 수 있다. 둘째, 노동조합에 의해 임금이 노동생산성 증가보다 높게 상승한다면 기업의 경쟁력이 저하될 수 있다.

- 효율임금 이론(efficiency wage theory) : 효율임금 이론은 임금이 높은 근로자의 생산성이 임금이 낮은 근로자에 비해 더 높으므로, 기업이 전체적인 생산성을 높이기 위해 시장에서 형성된 임금수준보다 높게 임금을 제시할 수 있다는 것이다.

- 높은 임금의 긍정적 효과 : 높은 임금을 지급하면 근로자들의 건강과 영양상태가 좋아지고 직장 만족도와 애사심(loyalty)이 증가하여 생산성이 높아질 수 있다. 기업은 업무능력이 우수하고 직무에 보다 충실한 근로자를 확보함으로써 생산성을 높일 수 있다.
- 높은 임금의 부정적 효과 : 효율임금 이론에 기초하여 더 높게 지급하는 급여에 비해 생산성 향상이 이에 미치지 못하면 기업의 경쟁력이 저해될 수 있다. 만일 경쟁기업이 상대적으로 낮은 임금을 지급하고도 동질의 제품을 생산한다면 높은 임금을 지급하는 기업의 가격경쟁력이 약화될 수 있다.

4 실업률과 필립스 커브(Phillips Curve)

— 원래의 필립스 커브(Original Phillips Curve)

- 필립스(A.W.Phillips)는 1958년에 인플레이션과 실업률 간에 음(−)의 관계가 있음을 발견하였다.
  - 사용된 데이터는 1861년부터 1957년까지의 영국 인플레이션과 실업률이었다.
- 사뮤엘슨(Paul Samuelson)과 솔로우(Robert Solow)는

1960년에 미국에서도 인플레이션과 실업률 사이에 음(−)의 관계가 있음을 발견하였고 이러한 관계를 필립스 커브(The Phillips Curve)로 불렀다.(원래의 필립스 커브, Original Phillips Curve)

- 이들은 1900년부터 1960년 사이의 소비자물가지수 인플레이션 데이터를 사용하였다.
- 실업률이 낮은 시기에는 인플레이션이 높았고 실업률이 높은 시기에는 인플레이션이 낮았다. 이러한 관계는 아래와 같은 식으로 표현이 가능하다.

$$\Pi_t = (m+z) - a \cdot u_t$$

Π_t: t기의 인플레이션,
m: 기업의 이윤 폭,
z: 기타 모든 요인들을 포괄하는 변수,
a: 실업이 인플레이션에 미치는 영향 계수
u_t: t기의 실업률,

— 수정 필립스 커브(Modified Phillips Curve)

- 1970년대, 대부분의 OECD 국가들에서 높은 인플레이션하에서도 높은 실업률이 관찰되어 원래의 필립스 커브로는 실업률과 인플레이션간의 관계를 설명하기 어려워졌다.
  - 그런데 인플레이션의 증감과 실업률 간에 새로운 관계가

발견되었다.

- 미국에서, 높은 실업률이 낮은 인플레이션으로 이어진 것이 아니라 인플레이션의 감소로 이어진 것이다.
- 반면에, 낮은 실업률이 높은 인플레이션으로 이어지지 않았고 인플레이션의 증가로 이어졌다. 이러한 관계는 다음과 같은 식으로 나타낼 수 있다.

$$(\Pi_t - \Pi_{t-1}) = (m+z) - a \cdot u_t$$

— 일반적인 형태의 필립스 커브(General form of Phillips Curve)

■ 위에 설명한 원래의 필립스 커브와 수정 필립스 커브의 두 가지 경우를 일반화하여 다음과 같은 식으로 표현할 수 있다.

$$\Pi_t = \theta \cdot \Pi_{t-1} + (m+z) - a \cdot u_t$$

- 만일 θ가 0이면 , $\Pi_t = (m+z) - a \cdot u_t$가 되어 원래의 필립스 커브를 보여준다(Original Phillips Curve).
- 만일 θ가 1이면, $(\Pi_t - \Pi_{t-1}) = (m+z) - a \cdot u_t$가 되어 수정 필립스 커브를 보여준다(Modified Phillips Curve).

■ 그런데, 인플레이션에 대한 기대(Π_t^e)는 전기의 인플레이션(Π_{t-1})에 영향을 받기 때문에 $\Pi_t^e = \theta \cdot \Pi_{t-1}$로 나타낼 수 있다. 따라서 일반화된 필립스 커브 $\Pi_t =$

$\theta \cdot \Pi_{t-1} + (m+z) - a \cdot u_t$는 $\Pi_t = \Pi_t^e + (m+z) - a \cdot u_t$로 쓸 수 있고 이는 다시 $(\Pi_t - \Pi_t^e) = (m+z) - a \cdot u_t$로 표현할 수 있다.

- 실업률이 자연실업률 수준이면 $u = u_n$이고 $P = P^e$이며 $\Pi_t = \Pi_t^e$이므로 $(\Pi_t - \Pi_t^e) = 0 = (m+z) - a \cdot (u_t = u_n)$가 된다. 따라서 $(m+z) = a \cdot u_n$가 된다.

  그러면, $(\Pi_t - \Pi_{t-1}) = (m+z) - a \cdot u_t$에서 $(m+z)$ 대신에 $a \cdot u_n$을 대입하여 식을 $(\Pi_t - \Pi_{t-1}) = a \cdot u_n - a \cdot u_t$으로 정리한 후 다시 $(\Pi_t - \Pi_{t-1}) = a(u_n - u_t)$, $(\Pi_t - \Pi_{t-1}) = -a(u_t - u_n)$으로 나타낼 수 있다.

  - 위의 식은 인플레이션을 낮추는 디스인플레이션$(\Pi_t - \Pi_{t-1})$과 실업률이 자연실업률에서 벗어난 정도$(u_t - u_n)$ 사이에 음(−)의 관계가 있음을 보여주고 있다.

    실업률이 자연실업률 수준보다 높으면$(u_t > u_n)$ 인플레이션이 감소$\{-(\Pi_t - \Pi_{t-1})\}$하고, 실업률이 자연실업률 수준보다 낮으면$(u_t < u_n)$ 인플레이션이 증가$\{+(\Pi_t - \Pi_{t-1})\}$한다.

— 인플레이션 감축(disinflation)과 희생비율(sacrifice ratio)

■ 인플레이션을 낮추기 위해서는 실업률이 높아지는 것을 받아들여야 하며 이는 아래의 식으로부터 이해할 수 있다.

$$(\Pi_t - \Pi_{t-1}) = -a(u_t - u_n)$$

- 예를 들어 계수 a의 추정치가 0.55라고 가정하면, 실업률이 자연실업률을 1%p 상회할 때 인플레이션율이 0.55%p 낮아질 수 있다. 따라서 인플레이션율을 1%p 낮추려면(예; 4% → 3%) 실업률이 1.8%p(=1/0.55) 높아지는 것을 용인해야 한다.

— 오쿤의 법칙(Okun's Law)

■ 오쿤은 실업률과 경제성장률 사이에 음(−)의 관계가 있음을 보였다.

- 경제성장률이 높아지면 실업률이 감소하며 양자간에는 아래와 같은 관계가 있다고 주장하였다.

$$u = a - 0.4\dot{Y} : \ \dot{Y}\text{는 경제성장률}$$

■ 필립스 커브와 오쿤의 법칙을 동시에 사용하여 다음과 같이 논리를 전개해 보자.

$$(\Pi_t - \Pi_{t-1}) = -0.55(u_t - u_n), \ u = a - 0.4\dot{Y}$$

- 인플레이션을 1%p 낮추려면 실업률이 1.8%p 높아지는 것을 받아들여야 하고, 여기에 오쿤의 법칙이 성립한다고 가정하면 실업률이 1.8%p 높아질 때 경제성장률은 4.5% (=1.8/0.4) 낮아질 수 있다.

두 가지 관계식을 단순히 결합하였기 때문에 현실적인 적용 가능성이 크지 않을 수 있으나 그 논리적 설명의 방향은 인정할 수 있기 때문에 정책 입안시 참고는 할 수 있다고 생각된다.

제 4 주 생산과 성장

Macroeconomics

1 솔로우 성장모형

— 개념

- 솔로우 성장 모형은 한 나라의 경제에서 자본량(capital stock, K)의 증가, 노동력(labor force, L)의 증가 그리고 기술 진보(technological progress, TP)가 어떻게 상호 작용하여 그 나라의 산출에 영향을 미치는지를 보여준다.
    - 솔로우 모형에서 자본은 근로자들이 사용하는 기계장치 등의 유형자본(physical capital)을 의미한다.
    - 노동은 근로자들의 노동시간으로 정의된다.
    - 기술진보는 경제시스템 외부에서 주어지는 것으로 가정한다. 이에 따라 솔로우 모형이 외생적[1)] 성장이론(exogenous growth model)으로 불리기도 한다.

---

1) 외생성이란 경제 시스템내의 각 변수들에 의해 영향을 받지 않고 외부로부터 영향을 받아 결정되는 성격이며, 내생성이란 어떤 경제변수가 경제 시스템내의 각 변수들 간에 상호 영향을 받아서 결정되는 성격을 말한다. 예를 들어 생산함수를 $Y=F(K, L)$로 정의할 때 산출량에 영향을 미치는 유형자본(K)과 노동력(L)은 이 관계식에 포함되어 있는 변수이다. 따라서 이들 변수(K, L)는 산출량(Y)에 영향을 미치는 경제 시스템내의 변수이기 때문에 내생변수(endogenous variable)이다. 그러나 기술진보(T)는 위의 관계식에 나타나지 않으며 위의 관계식이 설명하지 못한다. 따라서 기술진보는 산출량에 영향을 미치더라도 이는 경제시스템 외부에서 오는 변수이며 이를 외생변수(exogenous variable)라고 한다.

— 생산 함수

■ 솔로우 성장 모형은 생산함수에서 자본과 노동의 투입이 증가하는 배수 만큼 동일한 배율로 생산이 증가(constant return to scale)하는 것으로 가정하고 있다.

- 이러한 가정하에 총생산함수는 다음과 같이 1인당 생산함수로 변환할 수 있다.

$Y = F(K, L)$

$zY = F(zK, zL)$ ← 자본, 노동의 증가비율 만큼 동일 비율로 생산 증가 (constant return to scale)

$Y/L = F(K/L, 1)$, ← $z = 1/L$

$y = f(k)$,

K: 유형자본의 투입량,
L: 노동시간 투입량,
$y = Y/L$: 근로자 1인당 생산량,
$k = K/L$: 근로자 1인당 자본 투입량

■ 자본의 한계생산 체감(Diminishing Marginal Product of Capital, MPK↓) : 다음 그림에서 1인당 자본이 1단위 증가하면 1인당 생산이 증가하지만 자본의 규모가 증가함에 따라 자본 1단위 증가에 의한 생산 증가 규모가 점점 줄어든다. 자본의 한계생산이 체감함을 보여주는 것이며, 이는 생산함수의 기울기가 점차 감소하는 점에서도 확인할 수 있다.

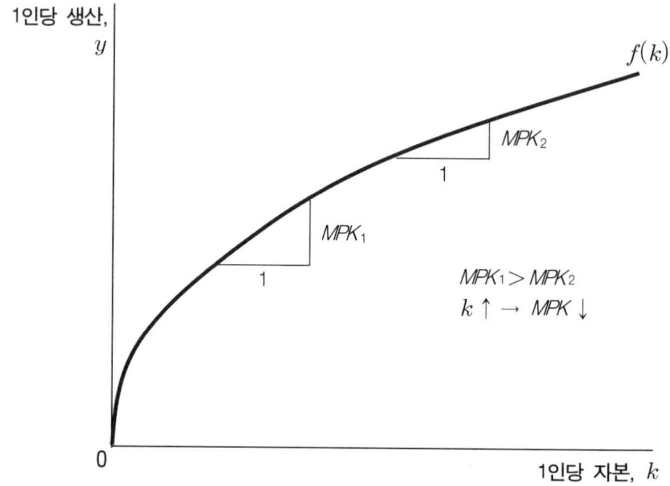

- 기술의 진보(technological progress, TP) : 기술진보는 생산함수 자체를 위로 이동시킬 수 있다. 그러나 솔로우 모형에서 기술진보는 생산량 결정 요인의 하나로서 설명되어 있지 않고 경제 시스템 외부에서 유입되는 것으로 간주되고 있다. 따라서 이 모형은 외생적 성장 모형(exogenous growth model)으로 불리운다.

— 재화에 대한 수요와 소비함수

- 솔로우 성장 모형에서 재화에 대한 수요는 소비와 투자로부터 발생된다.

$$y = c + i$$

y: 1인당 생산(Y/L),
c: 1인당 소비(C/L),
i: 1인당 투자(I/L)

- 여기서, s를 저축률이라 하면 1인당 저축액은 $s \cdot y$가 되고 이는 1인당 생산에서 1인당 소비를 차감한 금액이 된다. 따라서 $s \cdot y = y - c$, 그리고 $c = y(1-s)$가 된다.
- 위의 관계식에서, $y = c + i = y(1-s) + i$, $y = y - y \cdot s + i$, 결국 $i = s \cdot y$의 관계식을 얻게 된다. 이는 곧, 1인당 투자액은 1인당 저축액과 같아진다는 것을 의미하며 이를 국민소득 항등식(national income identity)으로 부른다.

— 자본량의 증가와 장기균형 수준(steady state)

- 새로운 기계나 장치에 대한 투자는 자본량을 증가시킨다.

$$i = s \cdot y = s \cdot f(k)$$

- 그러나 기계나 장치는 영원히 사용할 수 없고 그 가치가 점차 감소하며 이를 반영하여 자본의 가치를 점차 줄여나가는 감가상각(depreciation)을 하게 된다.

$$\text{감가상각 규모} = \delta k$$

δ: 감가상각률

- 따라서 투자를 늘리더라도 자본은 투자에서 감가상각을 차감한 만큼만 증가하게 된다.

$$\Delta k = i - \delta k = s \cdot f(k) - \delta k$$

만일 신규 투자 금액이 감가상각액과 규모가 같다면, 즉 $s \cdot f(k) = \delta k$이면, 자본의 증가규모는 0이 된다($\Delta k = 0$). 따라서 투자가 계속되더라도 자본량과 생산량이 1인당 자본량 k^* 수준에서 변동이 없게 된다. 이 k^* 자본량 수준을 자본의 장기균형 수준(steady-state)이라 부른다.

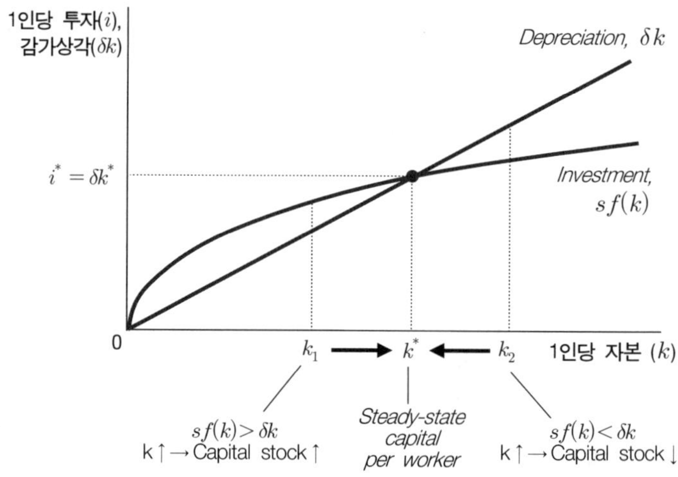

— 저축이 성장에 미치는 영향

- 자본량이 장기균형 수준(steady-state)이고 감가상각이 불변인 상황에서 저축률이 증가하면 저축의 증가로 인해 투자규모를 나타내는 곡선이 우상향으로 이동하고 감가상각을 나타내는 직선과의 교차점이 우상방으로 이동한다. 이에 따라 자본의 장기균형 수준이 높아진다.
  - 따라서 저축률의 증가는 경제의 자본규모를 증가시키고 이에 따라 생산규모도 증가한다. 그러나 자본과 생산의 증가는 경제가 새로운 장기균형 수준(new steady-state)에 도달할 때 까지만 가능하다.

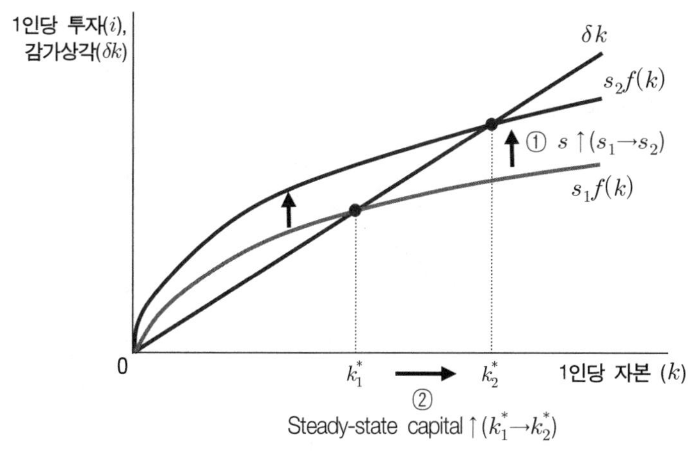

— 황금률(黃金律, The Golden Rule)

■ 황금률 수준의 자본이란 각 경제가 달성할 수 있는 장기균형 수준의 자본(steady-state capital) 중에서 최대의 소비가 가능한 수준을 말한다.

$$\begin{aligned} c^* &= y^* - i^* \\ &= f(k^*) - i^* \\ &= f(k^*) - \delta k^* \leftarrow \text{장기균형 수준에서는,} \\ &\qquad\qquad\qquad \Delta k = 0,\ i^* = \delta k^* \end{aligned}$$

- 최대의 소비가 가능한 경우의 c^*는 $f(k^*)$의 기울기 MPK가 δk^*의 기울기인 δ와 같을 때 가능하다. 이 경우의 k^*를 황금률 자본(k^*_{gold})으로 부른다.

황금률(Golden Rule) 산출량

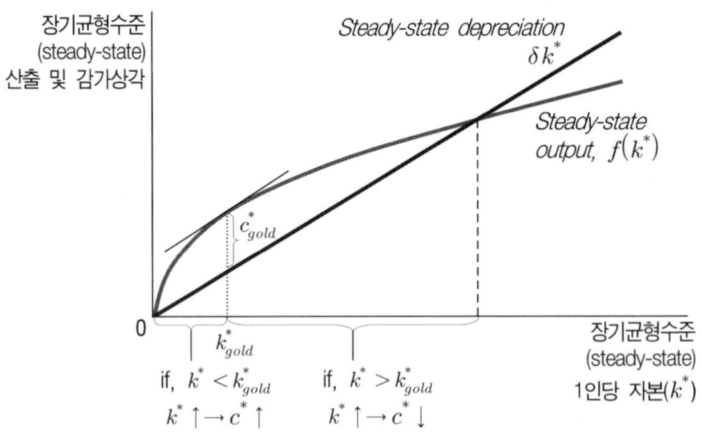

— 인구의 증가

- 인구의 증가로 노동력이 n의 비율로 증가하면 1인당 자본량을 일정하게 유지하기 위해 투자의 증가가 필요하다. 또한 자본의 노후화 등으로 δ의 비율로 자본의 감가상각이 발생하면 1인당 자본량을 일정하게 유지하기 위해 투자의 증가가 필요하다.

  따라서 $\Delta k = s \cdot f(k) - (\delta + n) \cdot k$에서 $\Delta k = 0$이 되는 투자규모는 $(\delta + n) \cdot k$가 된다.

- 솔로우 모형에서 투자율이 같지만 인구증가율이 높은 나라는 장기적으로 1인당 자본과 1인당 산출수준이 낮아지게 된다.

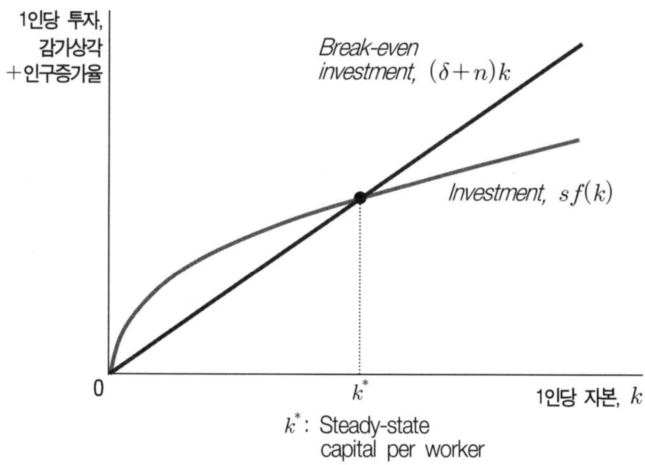

— 인주증가와 황금률

■ 황금률 수준의 자본을 찾기 위해 c*를 자본량으로 표시해 보면 다음과 같다.

$$\begin{aligned} c^* &= y^* - i^* \\ &= f(k^*) - i^* \\ &= f(k^*) - (\delta + n)k^* \end{aligned}$$

• c^*는 $f(k^*)$의 기울기인 MPK가 $(\delta+n)k^*$의 기울기인 $(\delta+n)$과 같을 때 최대값을 갖는다. 따라서 k^*가 황금률 자본량 수준인 k^*_{gold}일 때 MPK= $\delta+n$이 된다.

— 솔로우 모형에서의 기술진보

■ 솔로우 모형에서 기술진보는 노동의 효율성을 g만큼 증가시키는데 이를 노동강화형 기술진보라고 한다.

$Y = F(K, LE)$,

E: 노동의 효율성,

EL: 유효 노동력

$zY = F(zK, zLE)$, ← 자본, 유효 노동력 증가 비율과 동일 비율만큼 생산 증가 (constant return to scale)

$Y/LE = F(K/LE, 1)$, ← $z = 1/LE$을 대입

$y = f(k)$, $g = \Delta E/E$

■ 위의 식은 기술진보로 노동의 효율성이 증가하면 노동력이 증가하는 것과 동일한 생산증가 효과를 얻을 수 있음을 의미한다.

- 노동의 효율성이 g의 비율로 증가한다면 유효 노동력 1인당 자본량을 동일한 수준으로 유지하기 위해서는 투자 증가가 필요하게 되며 이는 아래와 같이 나타낼 수 있다.

$$\Delta k = s \cdot f(k) - (\delta + n + g) \cdot k$$

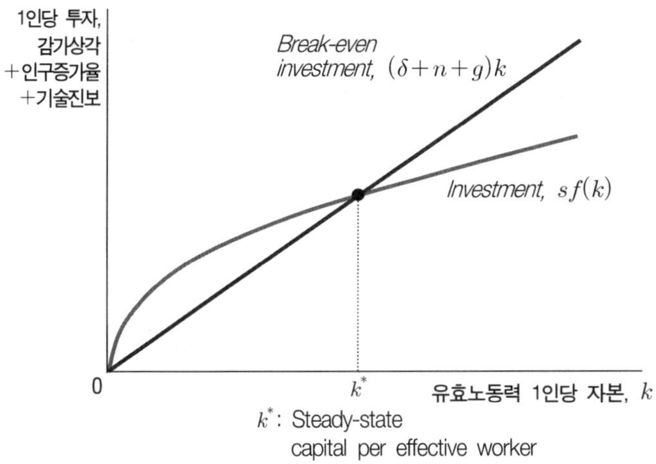

— 기술진보와 황금률

■ 황금률 수준의 자본을 찾기 위해 c^*를 자본량으로 표시해 보면 다음과 같다.

$$\begin{aligned} c^* &= y^* - i^* \\ &= f(k^*) - i^* \\ &= f(k^*) - (\delta + n + g)k^* \end{aligned}$$

- c^*는 $f(k^*)$의 기울기인 MPK가 $(\delta+n+g)k^*$의 기울기인 $(\delta+n+g)$와 같을 때 최대가 된다. 따라서 k^*가 황금률 자본량 수준인 k^*_{gold}일 때, MPK $= \delta+n+g$가 된다.

— 솔로우 모형의 시사점

■ 장기균형 수준(steady-state)에서, 1인당 산출의 증가율은 노동의 효율성 증가율 g에 의해 결정된다. 따라서 기술진보(technological progress)만이 1인당 산출의 지속적인 증가를 이끌어낼 수 있다.

- 장기균형상태에서, 정의에 의해(by definition) 유효노동력 1인당 자본량($k = K/LE$)은 변동이 없다. 따라서 $\Delta k = 0$이고, $\Delta k/k = \dot{k} = 0$이다.
- 장기균형상태에서, 정의에 의해(by definition) 유효노동력 1인당 산출량($y = Y/LE$)은 변동이 없다. 따라서 $\Delta(Y/LE) = 0$이고, $(\dot{Y/LE}) = 0$이다.
- 장기균형상태에서, 노동력 1인당 산출량은 $y = Y/L = (Y/LE)\cdot E$이다. 따라서

$\Delta\{(Y/LE)\cdot E\} = \Delta(Y/LE) + \Delta E$,
$\{(Y/L\dot{E})\cdot E\} = (Y/\dot{L}E) + \dot{E} = 0 + g$이고, 노동력 1 인당 산출량은 g의 속도로 증가한다.

- 장기균형상태에서, 총산출량 $Y = \{(Y/LE)\cdot LE\}$이다. 따라서

$\Delta\{(Y/LE)\cdot LE\} = \Delta(Y/LE) + \Delta(LE)$
$\{(Y/L\dot{E})\cdot LE\} = (Y/\dot{L}E) + (L\dot{E}) = 0 + n + g$이고, 총산출량은 $n+g$의 속도로 증가한다.

■ 저축률이 높아지면 장기균형 수준(steady state)에 도달할 때까지 성장률을 높일 수 있다. 그러나 장기균형에 도달한 후에는 자본축적이 소비의 희생을 유발함으로써 오히려 비효율성(dynamic inefficiency)을 초래한다.

■ 성장격차 축소 논의(Convergence Issue) : 모든 나라의 경제는 각각 고유의 장기균형 수준(steady state)에 도달한다.

- 격차 해소(convergence) : 만일 서로 다른 두 나라가 출발 당시의 자본량은 다르지만 장기균형 수준이 동일하면 두 나라의 경제는 동일한 장기균형 수준에 도달할 수 있고 격차 해소가 가능하다.
- 격차 해소 불가능(no convergence) : 만일 서로 다른 두 나

라가 출발 당시의 자본량이 다르고 장기균형 수준도 다르면, 두 나라는 각각 자국의 고유한 장기균형 수준에 도달하게 된다. 두 나라의 장기균형 수준이 다르므로 격차 해소가 불가능하다.

- 조건부 격차 해소(conditional convergence) : 만일 두 나라의 경제여건이 비슷한 경우, 이 두 나라들은 1인당 자본의 출발 수준이 비슷하고 장기균형 수준도 비슷할 것이다. 따라서 이들 국가의 성장격차는 장기균형 수준까지 좁혀질 수 있다.

▪ 요소의 축적과 생산의 효율성 : 유형자본(physical capital)과 인적자본(human capital)의 수준이 높은 국가들은 생산요소들을 효율적으로 사용하는 경향이 있다. 유형자본과 인적자본의 상호작용이 중요하기 때문이다.

▪ 솔로우 모형의 한계 : 솔로우 모형은 기술진보만이 1인당 산출량의 지속적인 성장을 가져올 수 있음을 보여준다. 그러나 이 모형에서 기술진보의 원천에 대한 설명은 없고 다만 외부에서 유입되는 외생변수로 간주되고 있다.

2 내생적 성장 모형(Endogenous Growth Model)

— 개념

- 내생적 성장 모형에서는 자본이 유형자본(physical capital) 뿐만 아니라 인간의 지식(knowledge)도 함께 포함하는 것으로 정의되고 있다. 따라서 내생적 성장 모형에서는 자본의 양이 증가할 때 한계생산이 체감하지 않고 일정하게 유지될 수 있다는 가정이 가능하다.(constant return to scale)
  - 내생적 성장 모형에서 생산함수는 아래와 같이 설정될 수 있다.

$Y = AK$,

K: 자본, 이 자본에는 인간의 지식이 포함되어 있어 한계생산 체감의 법칙이 성립하지 않는다.
A: 총요소생산성(total factor productivity)

$\Delta K = sY - \delta K$, 투자(investment) − 감가상각(depreciation)
$= sAK - \delta K$, ← $Y = AK$를 대입하고 양변을 K로 나누면

$\{\Delta K/K\} = \{sAK/K\} - \{\delta K/K\}$
$= sA - \delta$
$= \{\Delta Y/Y\}$ ← $Y = AK$에서 $\Delta K/K = \Delta Y/Y$를 얻을 수 있음

— 시사점

- 투자가 감가상각보다 크면($sA-\delta>0$), 자본의 증가율이 양(+)의 값을 갖고($\Delta K/K>0$) 경제의 산출량도 지속적으로 증가할 수 있다$\{\Delta K/K(+)=\Delta Y/Y(+)\}$.
  - 솔로우 모형에서는 저축의 증가가 단기간에 성장률을 높일 수 있지만 자본의 한계생산이 체감하기 때문에 경제가 장기균형 수준(stedy state)에 도달하게 되면 이후의 성장은 외생적인 기술진보(exogenous TP) 없이는 불가능하다.
  - 그러나 내생적 성장 모형에서는 자본의 한계생산이 체감하지 않기 때문에 저축과 투자의 증가가 지속적인 성장을 이끌어낼 수 있다. 이는 지식은 하나의 자본이며 또한 이 지식은 다른 경제주체들이 낮은 비용으로 사용하여 효율성을 높일 수 있다는 지식 사용의 비경합성에 따른 양의 외부효과(non-rivalry and positive externalities, 이하 지식의 비경합성 외부효과)가 작동하는 경우 가능하다.

2-1 로머 모형(Romer Model)

— 개념

- 앞서 지식의 비경합성 외부효과가 작동하는 경우 자본의 한계생산이 체감하지 않음을 보았다. 로머는 한 발 더 나아가 자본증가에 따라 한계생산이 증가할 수 있다고 지적하였는데 그 과정은 다음과 같다.
  - 산출(Y_t)은 지식의 양(stock of knowledge, A_t)과 노동의 투입(유형자본을 이용한 산출에 투입되는 노동력, L_{yt})에 의해 이루어진다.

$$Y_t = A_t L_{yt} \quad \cdots\cdots ①$$

가정(assumptions) : 1) 유형자본과 노동력은 constant return을 전제, 2) 아이디어는 비경합성 외부효과에 기초하여 increasing return이 가능함을 전제, 3) 아이디어와 유형자본 및 노동력 간의 구분을 전제(distinction between ideas and objects)

  - 새로운 아이디어는 기존의 아이디어(A_t)에 기초하여 노동력(아이디어 창출에 소요되는 노동력, L_{at})의 투입이 있어야 가능하다.

$$\Delta A_{t+1} = A_{t+1} - A_t = zA_t L_{at} \quad \cdots\cdots ②$$

z: 생산성의 크기를 결정하는 매개변수(productivity parameter)

- 노동력 자원의 제약(resource constraint) : 노동력(L)은 유형자본을 이용한 생산에 투입되는 노동력(L_{yt})과 아이디어를 생산하는 데 사용되는 노동력(L_{at})으로 구성된다.

$$L = L_{yt} + L_{at} \quad \cdots\cdots ③$$

- 연구를 통한 아이디어의 생산에 투입되는 노동력의 비중을 a로 가정하면 실물생산에 투입되는 노동력의 비중은 그 나머지인 $(1-a)$가 된다.

$$L_{at} = aL,\ L_{yt} = (1-a)L \quad \cdots\cdots ④$$

- 식 ①에서, $Y_t = A_t L_{yt}$를 가져와 식 ④의 $L_{yt} = (1-a)L$를 대입하고 양변을 L로 나누면 다음의 식을 얻는다.

$$\frac{Y_t}{L} = \frac{A_t L_{yt}}{L} = \frac{A_t(1-a)L}{L} = A_t(1-a) \quad \cdots\cdots ⑤$$

- 식 ②에서, $\Delta A_{t+1} = zA_t L_{at}$를 가져온 후 식 ④의 $L_{at} = aL$를 대입하면,

$\Delta A_{t+1} = zA_t L_{at} = zA_t aL$, 양변을 A_t로 나누면

$$\frac{\Delta A_{t+1}}{A_t} = \frac{zA_t aL}{A_t} = zaL = g, \text{ (일정한 값 } g\text{로가정)} \quad \cdots\cdots ⑥$$

위의 관계식은 지식의 증가율($\Delta A_{t+1}/A_t$)은 상당기간 일정비율($zaL = g$)을 유지할 수 있으며 연구에 투입되는 노동력(number of researchers, $L_{at} = aL$)의 일정비율로 결정됨을 보여준다.

- 식 ⑥에서 아래의 관계식을 가져온 후,

  $$\frac{\Delta A_{t+1}}{A_t} = \frac{zA_t aL}{A_t} = zaL = g$$

  이 관계식을 다시 아래와 같이 정리할 수 있다.

  $$\Delta A_{t+1} = A_t \cdot g$$
  $$A_{t+1} - A_t = A_t \cdot g$$
  $$A_{t+1} = A_t \cdot (1+g)$$

- $A_{t+1} = A_t \cdot (1+g)$의 관계식으로부터 다음 그림과 같은 과정을 단계적으로 유추할 수 있다.

  결국, 위의 과정을 통해 $A_t = A_0(1+g)^t$의 관계를 얻을 수 있다.

$$A_{t+1} = A_t \cdot (1+g) = A_0 \cdot (1+g)^t \cdot (1+g) = A_0 \cdot (1+g)^{t+1}$$

↑

$$A_t = A_{t+1} \cdot (1+g) = A_0 \cdot (1+g)^{t+1} \cdot (1+g) = A_0 \cdot (1+g)^t$$

↑

$$A_{t-1} = A_{t-2} \cdot (1+g) = A_0 \cdot (1+g)^{t-2} \cdot (1+g) = A_0 \cdot (1+g)^{t-1}$$

↑

⋮

↑

$$A_3 = A_2 \cdot (1+g) = A_0 \cdot (1+g)^2 \cdot (1+g) = A_0 \cdot (1+g)^3$$

↑

$$A_2 = A_1 \cdot (1+g) = A_0 \cdot (1+g) \cdot (1+g) = A_0 \cdot (1+g)^2$$

↑

$$A_1 = A_0 \cdot (1+g)$$

— $A_t = A_0(1+g)^t$의 의미

- 연구자들은 새로운 아이디어를 창출할 수 있으며 아이디어의 성장은 제한 없이 가능하다.
    - 새로운 아이디어는 소득의 지속적인 증가를 가져올 수 있는데 그 이유는 아이디어에는 비경합성 외부효과로 인해 한계생산 체감의 법칙이 적용되지 않기 때문이다.[2)]

3 생산성과 경쟁력(Productivity and Competitiveness)

— 생산성(productivity) : 생산성이란 1단위의 생산요소가 증가시킬 수 있는 생산량을 의미한다.

- 노동생산성(Y/L) : 노동생산성은 한 단위의 노동이 증가시킬 수 있는 생산량을 의미한다.

- 자본생산성(Y/K) : 자본생산성은 한 단위의 자본이 증

---

2) 식 ⑤의 $\frac{Y_t}{L} = A_t(1-a)$에 $A_t = A_0(1+g)^t$를 결합하면 $\frac{Y_t}{L} = A_0(1+g)^t \cdot (1-a) = A_0(1-a)(1+g)^t$가 된다. 즉, 새로운 아이디어가 g의 속도로 증가하면 1인당 산출 $\frac{Y_t}{L}$도 지속적으로 증가할 수 있다.

가시킬 수 있는 생산량을 의미한다.

■ 상호작용 : 노동과 자본은 상호작용을 통해 생산 증가에 기여한다.

- 똑똑한 근로자는 기계를 더욱 효율적으로 사용함으로써 총요소생산성(total factor productivity)을 증가시킬 수 있다.
- 또한 똑똑한 근로자의 노동력은 보다 성능이 좋은 기계를 사용할 때 그 효과를 최대화할 수 있다.
- 따라서 자본의 개념을 논할 때 그 범위를 유형자본으로만 국한하지 말고 비경합성 외부효과를 갖는 인적자본까지 포함하는 것이 바람직하다. 유형자본과 인적자본은 상호작용을 통해 총요소생산성을 높일 수 있기 때문이다.

— 경쟁력(competitiveness)

■ 가격경쟁력(price competitiveness) : 한 재화가 동일 품질의 다른 재화에 비해 저렴하게 판매될 때 이 재화는 가격경쟁력이 있다.

- 수요의 가격탄력성(price elasticity of demand) : 동일 품질의 여러 상품 중 하나의 상품가격이 하락하고 다른 상품들의 가격에 변화가 없다면, 가격이 하락한 상품의 수요가 증가할 것이다. 반대로 이 상품의 가격이 오르고 다른 상품들의 가격에 변화가 없다면 이 상품의 수요는 감소

할 것이다.

이처럼 한 상품의 가격이 변화할 때 수요량이 어느 정도 민감하게 따라서 변하는지를 수요량의 변화율($\Delta Q/Q$)/가격의 변화율($\Delta P/P$)로 측정하며 이를 수요의 가격탄력성이라 한다.

이 탄력성의 계산값이 1보다 크면 수요량이 가격에 탄력적으로 반응한다는 의미로 가격탄력적(price elastic)이라 한다. 다만 가격이 오르면 수요량이 감소함으로써 가격의 변화율과 수요량의 변화율 간에는 음(−)의 관계가 있기 때문에 탄력성 계수 앞에 (−)부호를 붙이거나 절대값을 사용하는 것이 일반적이다.

$$\text{수요의 가격탄력적} = \left| -\frac{\Delta Q/Q}{\Delta P/P} \right| > 1$$

- 자국통화 약세 정책(currency depreciation) : 수출시장에서 한 나라의 통화가치가 하락하면 가격경쟁력이 높아지는 중요한 요인이 된다.(제11주에서 자세히 설명한다.)

■ 비가격경쟁력(non-price competitiveness) : 제품의 가격 외에도 제품의 경쟁력에 영향을 미칠 수 있는 요인들이 많이 있으며 이를 비가격경쟁력이라 한다.

- 만일 어떤 상품의 품질이 매우 좋아 다른 상품이 따라 올 수 없는 차별성을 갖는다면 이 제품의 가격이 오르더라

도 수요가 가격상승에 비해 크게 줄어들지 않을 것이다. 이 경우 수요의 가격탄력성(절대값)이 양(+)의 값을 갖겠지만 그 크기는 "수요가 가격탄력적(price elastic)"임을 나타내는 1보다 작을 것이다. 따라서 이 재화는 수요가 가격에 비탄력적이다(price inelastic).

- 비가격경쟁력의 결정요인 : 상품의 품질이 가장 중요한 비가격경쟁력 결정요인이다. 그러나 품질 말고도 상품의 비가격경쟁력을 결정하는 요인들은 많다. 판매 후 서비스(after service, A/S), 판매 및 수리 네트워크, 디자인, 브랜드 인지도 등을 예로 들 수 있다.

— 생산성과 경쟁력

■ 생산성이 향상되면 생산비가 절감되고 제품의 품질도 높아질 수 있다.

- 제품의 생산비가 낮아지면 이 제품을 동일 품질의 경쟁상품에 비해 낮은 가격에 판매할 수 있고 가격경쟁력이 개선된다.
- 생산성의 향상으로 제품의 품질이 좋아지면 이 제품의 판매가격을 올리더라도 매출이 감소하지 않고 유지될 수 있다.

- 따라서 생산성의 향상은 제품의 경쟁력을 가격경쟁력과 비가격경쟁력 모두에서 높일 수 있다. 이 경우 국내시장과 세계시장 모두에서 시장점유율이 높아질 수 있다.

제 5 주 저축, 투자, 금융시스템

Macroeconomics

1 금융시스템과 금융시장

— **금융시스템 : 금융시스템이란 저축자와 투자자 사이의 자금 흐름을 원활하게 해주는 경제내의 제도들을 넓은 의미에서 일컫는 말이다.**

— **금융시장 : 금융시장이란 저축자가 재원을 투자자에게 제공하는 장소를 의미한다.**

- 채권시장 : 채권이란 채권의 보유자가 채권 발행자에게 자금을 대여하는 관계를 나타낸다. 따라서 채권 매입자는 신용 제공자가 되고 채권 발행자는 채무형태로 자금을 조달하게 된다.(debt financing)

- 주식시장 : 주식은 소유자가 기업에 대해 지분만큼의 소유권을 가짐을 나타낸다. 따라서 주식 매입자는 기업의 부분적인 소유주가 되고 주식의 발행은 기업 소유주들의 자본을 모은 것이기 때문에 자기자본 형태의 자금조달을 의미한다.(equity financing)

— **금융중개(financial intermediation) : 금융중개기관(financial intermediaries)은 저축자로부터 자금을 받아서 이를 차입자에게 투자 용도로 제공하며 이러한 기능을 금융중개라 한다.**

- 은행 : 은행은 저축자로부터 예금을 받아서 이 자금을 투자자들에게 대여한다.
  - 은행은 상대적으로 단기로 예금하는 예금주들에게 상대적으로 낮은 이자를 지급하고 상대적으로 장기로 자금을 차입하는 투자자들로부터 상대적으로 높은 이자를 받는다.
  - 이러한 예금금리와 대출금리의 차이(interest rate spread)가 은행의 대표적인 수익원이 된다.

2 금융중개 관련 이슈들

— **비대칭적 정보(asymmetric information) : 비대칭적 정보는 자금의 대여자가 차입자와 관련한 모든 정보를 제대로 알 수 없다는 사실로부터 발생한다.**

- 이와 같은 자금대여자와 차입자간 비대칭적 정보로 인해 역선택(adverse selection)이 초래된다.
  - 정보의 비대칭성 발생 경위 : 차입자는 은행으로부터 가능한 최저의 금리로 최대 금액의 차입을 희망한다. 따라서 차입자는 은행에 대해 자신 관련 좋은 정보는 최대한 알리려 하지만 좋지 않은 정보는 최소한으로 제공한다.
  - 역선택 발생 경위 : 위와 같이 차입 희망 기업들의 재무상

황을 모두 알 수 없는 은행은 기업들의 재무상황이 양호하지 않은 경우에도 양호하다고 믿고 대출할 수 있다.

그 이유는 재무상황이 양호하지 않은 기업들은 재무상태가 양호한 기업에 비해 은행으로부터의 차입이 기업의 생존에 더욱 필수적이어서 보다 적극적으로 은행의 차입을 얻으려고 노력하기 때문이다.

이처럼 기업의 재무상황을 완벽히 알 수 없는 정보의 제약으로 인해 재무상황이 양호하지 않은 기업의 적극적인 대출확보 노력에 의해 이들 기업에 대출함으로써 최선이 아닌 대출 결정을 하는 경우를 역선택이라 한다.

■ 차입자의 행태와 관련한 정보의 비대칭성은 도덕적 해이(moral hazard)를 초래할 수 있다.

- 차입자의 행태 관련 정보의 비대칭성 : 은행은 차입자가 차입자금으로 최선을 다해 투자하고 차입금의 상환노력에도 최선을 다할지 여부를 알 수 없다.
- 도덕적 해이 : 일부 차입자는 일단 은행자금을 차입한 후에는 이 자금을 고위험 자산에 투자함으로써 수익의 극대화를 추구할 수 있다.

이러한 수익 극대화 전략이 성공하면 차입금에 대해 이미 정해진 이자를 지급하고 난 후 높은 수익을 얻을 수 있다. 만일 이러한 전략이 실패할 경우 차입자는 채무상환이 불가능함을 선언하게 되고 그 손실은 대출을 해 준 은행으로 귀속된다. 여기서 도덕적 해이 문제가 발생한다.

- 기업의 성과보수 시스템과 도덕적 해이 : 위에 설명한 도덕적 해이 문제는 자금을 차입한 기업이 성과보수 시스템을 채택하는 경우 더욱 두드러지게 나타난다. 성과보수 시스템하에서는 수익이 높을수록 보수가 높아지고 수익이 낮으면 성과보수 없이 기본급만 수령하고 사임하는 것이 일반적이다. 따라서 성과보수 시스템하에서 투자담당은 고수익 고위험 투자를 모색하는 경향이 있다.
- 은행의 성과보수 시스템과 도덕적 해이 : 성과보수 시스템에 의한 도덕적 해이 문제는 은행에서도 발생할 수 있다. 은행의 여신관리자가 성과가 높을수록 많은 보수를 받는다면 이 여신관리자는 고수익 투자를 추구하는 기업에 예금자의 돈을 대출함으로써 그 역시 고수익을 추구할 수 있다. 이 여신관리자는 이 전략이 성공하면 높은 보수를 받고 이 전략이 실패하면 은행을 떠남으로써 그 손실은 은행이 부담하게 된다.

— 시스템 리스크(systemic risk), 최종대부자(lender of the last resort), 그리고 도덕적 해이(moral hazard)

- 시스템 리스크 : 은행간 자금대차가 상호 연쇄적으로 얽혀 있는 상황에서 만일 규모가 매우 큰 은행이 지급불능 상태가 되면 이 은행이 다른 은행에 대해 예

정된 지급을 할 수 없게 된다. 그러면 이 은행으로부터 지급받은 돈으로 다시 다른 은행들에게 지급하려던 은행들도 지급불능 상태가 되고 이러한 지급불능 상태가 금융권 전체로 확산된다.

위와 같은 경우, 금융권 전체가 지급불능 상태에 처하게 되고 금융시스템이 더 이상 작동할 수 없게 된다. 이것이 시스템 리스크로 불리고 있다.

- 최종대부자 : 위에 설명한 시스템 리스크를 피하기 위해 지급불능의 위기에 처한 금융기관들에게 자금을 공급할 수 있는 기관이 중앙은행이다. 중앙은행은 화폐를 발행하여 지급불능 위기에 처한 금융기관들에게 대여함으로써 한 나라 금융권 전체로 지급불능 상태가 확산되는 것을 방지할 수 있다. 중앙은행의 이러한 기능을 최종대부자 가능이라 한다.

- 대마불사(大馬不死, Too big to fail)와 도덕적 해이 : 한 금융기관이 지급불능 상태에 이르렀을 때, 이 금융기관의 규모가 시스템 리스크 유발 여부를 판단하는 데 중요한 기준이 된다.

  • 만일 한 금융기관의 관리하에 있는 자산 규모가 크지 않은 경우, 이 금융기관이 지급불능 상태에 이르더라도 다

른 금융기관들이 이를 감내할 수 있고 금융시스템은 작동을 유지할 수 있다. 중앙은행이 이 금융기관에 대해 최종대부자로서 금융지원을 하지 않아도 금융시스템이 기능할 수 있다.

- 만일 한 금융기관의 관리하에 있는 자산 규모가 매우 큰 경우, 이 금융기관이 지급불능 상태는 연쇄적으로 다른 금융기관들에게 매우 큰 부정적 충격을 주게 되고 결국 금융시스템의 작동이 불가능한 상태에 이를 수 있다. 중앙은행은 금융시스템의 와해를 막기 위해 이 이 금융기관에 대해 최종대부자로서 금융지원을 해야 하는 경우가 발생할 수 있다.
- 여기서 대마불사의 의미를 짚어 보자. 만일 한 금융기관의 관리하에 있는 자산 규모가 매우 큰 경우, 이 금융기관의 지급불능은 곧 한 나라의 금융시스템이 무너지는 것을 의미할 수 있다. 중앙은행은 금융시스템의 안정성을 유지해야 하기 때문에 이 금융기관이 지급불능 상태로 진행되는 것을 보고만 있을 수 없다. 이것은 금융기관들이 무리하게 외형을 확장하여(大馬) 나중에 지급불능 상태에 이르더라도 망하지 않을 것(不死)이라는 잘못된 믿음을 줄 수 있다. 금융기관들의 도덕적 해이를 유발할 수 있는 또 하나의 원인이 될 수 있는 것이다.

— 최선의 최종대부자 기능 수행 방안

■ 유동성 부족(illiquidity)과 지급불능(insolvency)의 경우 구분 : 중앙은행은 자금상황이 어려운 금융기관들을 지원하기 전에 이 금융기관들의 상황이 유동성 부족 상태인지 또는 지급불능 상태인지를 먼저 파악할 필요가 있다.

- 유동성 부족 상태란 금융기관의 평소 여신 및 투자전략이 양호하여 자산규모가 부채규모보다 크고 정상적으로 자산을 처분하면 현재의 채무를 충분히 변제할 수 있으나 외부요인 등에 의해 일시적으로 채무상환에 필요한 유동성이 부족한 경우를 말한다.
- 지급불능 상태란 금융기관의 평소 여신 및 투자전략이 방만하여 자산규모보다 부채규모가 더 커서 정상적으로 자산을 처분하더라도 현재의 채무를 변제할 수 없는 상태를 말한다.

■ 최종대부자 기능 수행시 금리의 차등 적용

- 유동성 부족시 : 중앙은행은 금융기관의 일시적 유동성 부족으로 인한 시스템 리스크를 피하기 위해 금융지원을 하는 경우 정상적인 금융지원의 경우에 비해 다소 높은 이자율을 부과할 필요가 있다. 도덕적 해이를 방지하기 위해 정상적인 이자율보다 높은 이자율을 부과할 필요가 있지

만 금융지원 수혜 금융기관의 평소 경영행태가 방만하지 않기 때문에 벌칙성 고금리까지 부과할 필요는 없다.

- 지급 불능시 : 중앙은행은 금융기관의 평소 경영행태가 방만한 것으로 판단되는 경우에도 시스템 리스크를 방지하기 위해 이 금융기관에 금융지원을 해야 할 경우가 있다. 이 경우에는 벌칙성 고금리를 부과함으로써 다른 금융기관들의 도덕적 해이를 방지할 필요가 있다. 중앙은행의 금융지원은 발권력에서 나오는 것이고 이는 곧 국민전체가 부담하게 되는 것이기 때문에 중앙은행의 금융지원은 꼭 필요한 경우 최소한으로 가동되어야 하기 때문이다.

  만일 지급불능 금융기관이 이러한 벌칙성 고금리를 감당할 수 없는 상황에서도 시스템 리스크 방지를 위해 중앙은행의 금융지원이 필요한 경우에는 금융지원 후 국유화하여 국가가 관리하는 것도 한 방안이 될 수 있다. 중앙은행의 발권력은 결국 국민으로부터 나오는 것이기 때문에 이 금융기관을 국민의 관리하에 두는 것이 합리적이기 때문이다.

— 금융 규제(financial regulation)

- 규모가 매우 큰 은행의 지급불능은 시스템 리스크를 유발하고 중앙은행의 최종대부를 초래할 수 있다. 따

라서 이러한 부정적 효과를 예방하기 위해 정부와 중앙은행은 은행부문을 엄격히 규제하고 있다. 이러한 규제는 은행이 한편으로 영리를 목적으로 하는 법인의 일종이지만 또한 다른 한편으로 은행의 방만경영에 따른 시스템 리스크의 예방을 위해 은행의 공공성도 인정되기 때문이다.

3 대부자금 시장(The Market for Loanable Funds) 이론

— **개념 : 대부자금 시장 이론은 이자율의 결정 원리를 이해하는 데 매우 중요하다.**

— **대부자금 시장의 균형**

- 대부자금의 공급 : 저축자들은 채권의 수요자로서 채권을 매입하면서 대부자금을 공급한다.
  - 시장 이자율이 상승하면 신규발행 채권이나 예금의 이자수익이 증가하기 때문에 대부자금의 공급이 증가한다. 따라서 이자율과 대부자금 공급 간에는 양(+)의 관계가 있으며 대부자금의 공급곡선은 우상향의 기울기를 보인다.

이자율 상승($i\uparrow$) → 채권 또는 예금의 이자수입 증가 → 대부자금 공급 증가 = 채권에 대한 수요 증가($B_d\uparrow$)

- 대부자금에 대한 수요 : 투자자들은 대부자금의 수요자로서 채권을 발행하고 이자를 지급한다.
  - 시장 이자율이 상승하면 차입비용, 즉 채권의 발행비용이 증가하기 때문에 대부자금에 대한 수요가 감소한다. 따라서 이자율과 대부자금에 대한 수요 간에는 음(−)의 관계가 있으며 대부자금에 대한 수요곡선은 우하향의 기울기를 가진다.

이자율 상승($i\uparrow$) → 채권의 발행비용 증가 → 대부자금에 대한 수요 감소 = 채권의 공급 감소($B_s\downarrow$)

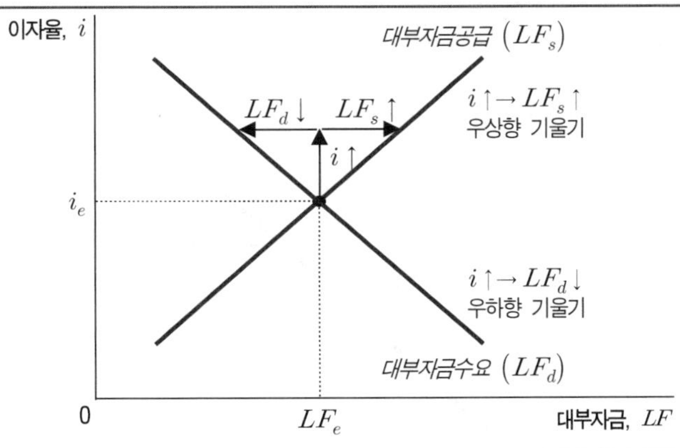

— 저축에 대한 세금 우대(tax incentives for saving)

- 저축자에 대한 세금우대는 저축을 증가시키고 대부자금의 공급을 증가시킨다. 여기서 세금우대는 모든 이자율 수준에서 저축증가 효과를 가져오므로 세금우대에 의한 저축증가 효과는 대부자금 공급곡선 자체를 우측으로 이동시킨다.
  - 그 결과 대부자금의 공급은 LF에서 LF'로 증가하고, 이자율은 i에서 i'로 하락한다.
  - 이를 통해 다음과 같은 관계를 얻을 수 있다.
    저축에 대한 세금우대 → 모든 이자율 수준에서 대부자금 공급 증가(Loanable funds supply curve shifts to the right., $LF_s \rightarrow LF_s'$) = 채권에 대한 수요 증가($B_d \uparrow$) → 채권 가격 상승($B_p \uparrow$) → 아자율 하락($i \downarrow$)

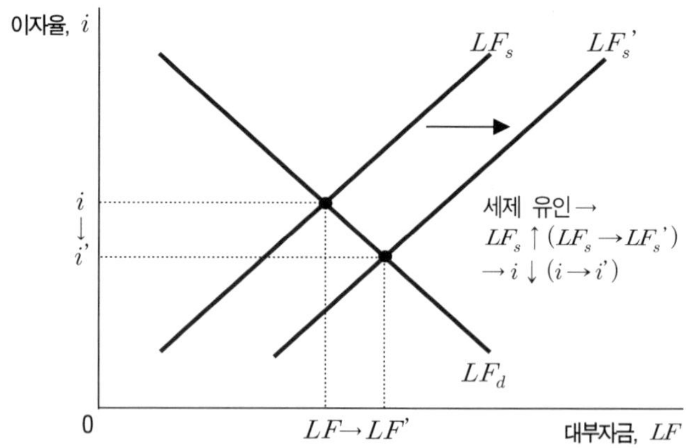

— 투자촉진 정책(investment incentives)

- 투자촉진 정책은 투자를 증가시키고 이는 곧 모든 이자율 수준에서 대부자금에 대한 수요 증가(LF_d↑)와 채권의 공급 증가(B_s↑)를 유발한다. 따라서 대부자금에 대한 수요곡선은 우측으로 이동한다.
  - 그 결과 대부자금의 수요는 LF에서 LF'로 증가하고, 이자율은 i에서 i'로 상승한다.
  - 이를 통해 아래와 같은 관계를 얻을 수 있다.

  투자에 대한 세금우대 → 모든 이자율 수준에서 대부자금 수요 증가(Loanable funds demand curve shifts to the right : $LF_d \to LF_d'$) = 채권의 공급 증가(B_s↑) → 채권 가격 하락(B_p↓) → 이자율 상승(i↑)

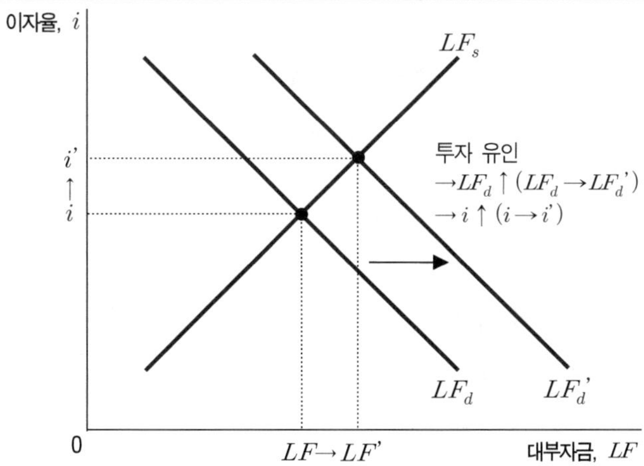

— 재정적자 증가(government budget deficit)

■ 정부의 재정적자는 언젠가는 국채의 발행으로 메워야 하고 따라서 국채의 공급 증가를 가져 온다.

- 그러나 모든 나라의 대부자금 시장에는 채권을 동시에 소화할 수 있는 최대능력인 신용가용성(credit availability)이 제한되어 있다.
- 이처럼 제한된 신용가용성 하에서 국채의 공급이 예상외로 증가하면 상대적으로 안전자산인 국채를 우선적으로 매입하고 남는 신용가용성, 즉 국채 이외의 회사채 등을 매입할 여력이 줄어들게 되어 이들 채권에 대한 수요 감소를 초래한다.
- 결과적으로 국채 발행이 증가하지 않을 경우에 비해 상대적으로 대부자금의 공급이 감소하는 결과를 가져오게 되고 모든 이자율 수준에서 대부자금 공급 곡선이 좌측으로 이동하는 결과를 얻게 된다.
- 따라서 아래와 같은 관계를 얻게 된다.

  정부의 재정적자 증가 → 국채 공급 증가(supply of government bonds, $GB_s \uparrow$)→ 여타 채권 매입 여력 감소 → 여타 채권 수요 감소($B_d \downarrow$) → 채권 가격 하락($B_p \downarrow$) → 이자율 상승($i \uparrow$)

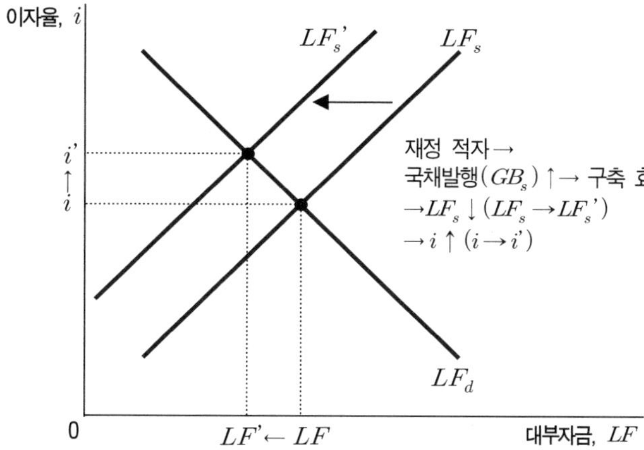
이자율, i
LF_s'
LF_s
i'
↑
i
재정 적자→
국채발행(GB_s)↑→ 구축 효과
→LF_s↓(LF_s→LF_s')
→i↑(i→i')
LF_d
0
LF'← LF
대부자금, LF

제 6 주 금융 이론의 기초 개념

Macroeconomics

1 현재가치(現在價値, Present Value, PV)

— 금년말에 지급되는 1달러는 미래가치 기준이며 현재의 1달러와는 그 가치가 다르다.

- 현재의 1달러를 은행에 예금하면 이자율이 연 i%라고 가정할 때 이 1달러는 1년 후 $1\cdot(1+i)$[1]달러가 된다.

- 반대로 내년에 1달러를 지급하는 채권을 지금 산다면 채권이 내년에 지급하는 1달러는 미래가치이기 때문에 지금 매입금액은 1달러가 아니다.
  - 미래가치 1달러는 현재가치(Present Value, PV)와 이자율의 곱으로 구성되어 있다. 즉, 내년의 미래가치 1달러는 $PV\cdot(1+i)$인 것이다.
  - 따라서 내년에 1달러를 지급하는 채권을 매입하기 위해서는 만기까지의 이자부분을 제거하고 현재가치만을 구하는 작업이 필요하다. 이 과정이 할인(割引, discounting)이며 아래와 같이 계산한다.

$$PV\cdot(1+i)=1\ \text{Dollar},\ \ PV=\frac{1}{(1+i)}\text{Dollar}$$

---

1) i는 퍼센트(%) 기준으로 표시한다. 따라서 i가 5%일 경우 $(1+i)$는 1.05임을 의미한다.

2 이표채(coupon bond)의 현재가치

— 이표채의 개념

- 이표채(利票債)란 이자쿠폰(coupon)을 가진 채권이란 뜻이다. 채권은 만기(滿期, maturity)까지 매기간(예 : 매년) 발행금액(發行金額, face amount, 이하 F)에 발행시 정해진 이자율(發行金利, coupon interest rate, 이하 i_{cp})을 곱한 금액을 이자로 지급하고 만기에는 액면금액을 지급한다.
  - 이표채라는 이름은 과거에 채권이 이표가 붙어 있는 상태로 발행되었던 데에서 유래되었다. 보유자는 매기간 이표를 떼어서 발행자에게 제출하고 이자를 받았다. 최근에는 이표채의 이자가 계좌이체를 통해 지급된다.
  - 발행시 미리 정해진 이자율은 채권의 발행금리(coupon interest rate, i_{cp})를 말하며 채권 보유자가 매기간 받는 이자수입(coupon interest income, 이하 C)은 채권의 발행금액에 채권의 발행금리를 곱하여 산출된다($C = F \cdot i_{cp}$).
  - 이표채가 발행시 미리 정해진 이자율로 매기간 이자를 지급하기 때문에 시장 이자율이 변동하더라도 이표채의 보유자는 정해진 이자수입을 얻게 된다.

  여기에서 고정수입(fixed income)이란 용어가 나왔고 고정수입 자산(fixed income asset)은 곧 채권을 의미하게 되었다. 또한 이표채의 이자수입이 시장 이자율의 변동에도 불구하고 보장되기 때문에 이표채를 포함한 채권들은 대표적인 안전자산으로 간주되고 있다.

다만, 여기에서 안전자산이란 말은 미래에 수령하는 채권의 이자금액과 액면금액이 정해져 있어서 안전하다는 것일 뿐, 미래에 수령하는 이자금액과 액면금액의 현재가치는 시장 이자율이 등락에 따라 변동한다는 점을 유념해야 한다.

— 이표채의 현재가치 산출 과정

■ 이표채의 현금흐름(cash inflow, 이하 CF)은 매기간 유입되는 이자수입(coupon income, C)과 만기에 수령하는 액면금액(face value, F)으로 구성되어 있다.

$$CF = C + C + C + \cdots + C + F$$

■ 매기에 유입되는 현금은 각각 미래의 다른 시점에 유입된다. 따라서 미래 각 시점에 유입되는 현금은 미래가치 기준이며, 채권의 가치를 평가할 때의 시장이자율로 미래시점까지의 기간만큼 할인하여 현재가치를 구한다.

$$PV = C/(1+i)^1 + C/(1+i)^2 + \cdots + C/(1+i)^n + F/(1+i)^n$$

— 이표채 현재가치에 함축된 의미

- 이표채 현재가치를 산출하는 식으로부터 매우 중요한 의미를 발견할 수 있다.

$$\begin{aligned}
PV &= C/(1+i)^1 + C/(1+i)^2 + \cdots + C/(1+i)^n + F/(1+i)^n \\
&= C\{1/(1+i)^1 + 1/(1+i)^2 + \cdots + C/(1+i)^n\} + F/(1+i)^n \\
&= C\cdot\left[\frac{1/(1+i)\{1-1/(1+i)^n\}}{1-1/(1+i)}\right] + \left\{\frac{F}{(1+i)^n}\right\} \\
&= C\cdot\left\{\frac{1}{(1+i)}\cdot\frac{(1+i)}{i}\right\}\cdot\left\{1-\frac{1}{(1+i)^n}\right\} + \left\{\frac{F}{(1+i)^n}\right\} \\
&= \frac{C}{i}\cdot\left\{1-\frac{1}{(1+i)^n}\right\} + \left\{\frac{F}{(1+i)^n}\right\}
\end{aligned}$$

$i_{cp} = C/F$, $C = F\cdot i_{cp}$ 이므로

$$\begin{aligned}
PV &= \frac{F\cdot i_{cp}}{i}\cdot\left\{1-\frac{1}{(1+i)^n}\right\} + \frac{F}{(1+i)^n} \\
&= F\left\{\frac{i_{cp}}{i} - \frac{i_{cp}}{i}\cdot\frac{1}{(1+i)^n} + \frac{1}{(1+i)^n}\right\}
\end{aligned}$$

$$= F\left\{\frac{i_{cp}}{i} + \frac{1}{(1+i)^n} \cdot \left(1 - \frac{i_{cp}}{i}\right)\right\}$$

- 만일 $i_{cp} < i$이면, $i_{cp}/i < 1$이고 $(1 - i_{cp}/i) > 0$이다. 따라서 채권의 만기 n이 클수록 $1/(1+i)^n$이 작아지고 양(+)의 값인 $1/(1+i)^n \cdot (1 - i_{cp}/i)$이 감소한다.

이는 곧 시장이자율이 채권의 발행금리보다 높은 수준으로 상승하면 채권의 현재가치가 감소하여 채권보유자가 손실을 보게 되며, 현재가치의 감소 속도는 채권의 만기가 길수록 빠르다는 점을 의미한다.

- 만일 $i_{cp} > i$이면, $i_{cp}/i > 1$이고 $(1 - i_{cp}/i) < 0$이다. 따라서 채권의 만기 n이 길수록 $1/(1+i)^n$이 줄어들고 음(−)의 값, 즉 채권 현재가치의 감소규모 $1/(1+i)^n \cdot (1 - i_{cp}/i)$가 축소된다.

  이는 곧 시장이자율이 채권의 발행금리보다 낮은 수준으로 하락하면 채권의 현재가치가 증가하여 채권보유자가 이익을 보게 되며, 현재가치의 증가 속도는 채권의 만기가 길수록 빠르다는 점을 의미한다.

- 만일 $i_{cp} = i$이면, $i_{cp}/i = 1$이고 $(1 - i_{cp}/i) = 0$이다. 따라서 만기의 길고 짧음에 관계없이 $PV = F$가 성립한다.

  이는 곧 시장이자율이 채권의 발행이자율과 같아지면 이표채의 현재가치는 채권의 액면금액과 같아짐을 의미한다.

3 이표채 관련 세가지 이자율

— 발행이자율(coupon interest rate, i_{cp})

- 이표채의 발행이자율은 발행당시 정해지며 이 이자율은 만기까지 변동 없이 사용된다. 이표채의 보유자는 매기간 액면금액에 발행이자율을 곱한 만큼의 이자수입을 얻는다($C = F \cdot i_{cp}$).

— 만기수익률(yield to maturity, YTM)

- 만기수익률은 채권을 매입할 때 지불하는 금액과 앞으로 받을 미래의 현금흐름을 현재가치로 환산하여 더한 값을 같도록 일치시키는 이자율이다. 앞(101쪽)의 관계식에서 i가 만기수익률이다.

  이는 곧 지금 이 채권의 현재가치 만큼 투자하면 만기까지 받는 현금유입의 현재가치 합계로써 i%의 수익을 올릴 수 있음을 의미한다. 그래서 이 i%의 이자율을 만기수익률(yield to maturity, YTM)이라 하며 또한 채권 자체의 현금유입으로부터 얻는 수익률이라 하여 내부수익률(internal rate of return, IRR)이라고도 한다.

■ 여기서 만기수익률 i는 이 채권이 시장에서 거래될 때의 가격을 결정하는 이자율로서 시장이자율의 일종이다. 그러나 이표채는 각각 발행기관의 재무상태 및 신용도에 따라 또한 만기의 장단에 따라 만기수익률이 다른 이표채의 경우와 다른 것이 일반적이다. 따라서 이표채의 만기수익률은 시장이자율의 일종이라 하더라도 시장의 전반적인 상황을 나타내는 이자율과는 다른 수준을 보일 수 있다.

— 보유기간 수익률(rate of return)

■ 개념 : 보유기간 수익률은 채권을 매입한 후 다시 매도할 때까지의 보유기간 동안 채권보유로 인해 얻는 수익률을 의미한다.

- 보유기간 수익률은 두 가지로 구성된다. 하나는 채권 매입시점의 현재가치와 채권 매도시점의 현재가치 사이의 차이이다. 다른 하나는 채권의 보유기간동안 채권보유자에게 귀속되는 이자수입이다.

■ 계산

- 현재가치의 차이 : 이표채를 t시점에 i_t의 시장이자율로 매입한 후 1년이 경과한 $t+1$시점에 i_{t+1}의 시장이자율

로 매도한다고 가정하면, 이표채의 매입가격과 매도가격은 아래와 같이 산출된다.

매입가격 $PV_t = C/(1+i_t)^1 + C/(1+i_t)^2 + \cdots$
$+ C/(1+i_t)^n + F/(1+i_t)^n,$

매도가격[2] $PV_{t+1} = C/(1+i_{t+1})^1 + C/(1+i_{t+1})^2 + \cdots$
$+ C/(1+i_{t+1})^{n-1} + F/(1+i_{t+1})^{n-1}$

보유기간의 가격차이는 ΔPV= 매도가격인 PV_{t+1} − 매입가격인 PV_t가 된다.

- 이자수입(coupon income) : 이표채 보유기간중의 이자수입은 $C = F \cdot i_{cp}$로서 채권 보유자가 갖게 된다.
- 보유기간 수익률 : 이표채의 보유기간 수익률은 채권의 보유로 인해 얻는 수입(收入, output)과 채권의 매입에 투입한 비용(費用, input)을 가지고 {(수입, output) − (비용, input)}/(비용, input)×100(%)의 식에 의해 산출한다.

  수입(output)은 매입한 채권을 다시 매도한 가격(PV_{t+1})에 보유기간중의 이자수입(coupon income, C)을 더하여 산출하며, 비용(input)은 채권의 매입가격(PV_t)이다.

  따라서 이표채의 보유기간 수익률은 $= (PV_{t+1} + C - PV_t)$

2) 매도가격 : 보유기간 1년이 경과하였으므로 향후 $n-1$번 이자수입을 받는 점을 감안하여 계산한다.

$/(PV_t) \times 100 = \{ (PV_{t+1} - PV_t)/PV_t + C/PV_t \} \times 100$이다.

여기서 i_{t+1}이 i_t보다 낮으면 즉, 시장 이자율이 하락하면 $PV_{t+1} - PV_t$가 양(+)의 값을 가지며 채권 보유자는 자본이득(capital gain)을 얻게 된다. 반면에 i_{t+1}이 i_t보다 높으면 즉, 시장 이자율이 상승하면 $PV_{t+1} - PV_t$가 음(−)의 값을 가지며 채권 보유자는 자본손실(capital loss)을 갖게 된다. 따라서 $(PV_{t+1} - PV_t)/PV_t$는 자본수익으로서 자본이득(+) 또는 자본손실(−)을 보여준다.

그러나 이자수입(coupon income, C)은 시장이자율이 변동하더라도 언제나 만기까지 변동없이 동일하며, 이를 경상수익(current yield)이라 한다.

- 보유기간 수익률에 함축된 의미 : 채권 투자전략은 향후 이자율의 향방에 대한 기대(expectation)를 반영하여 결정되어야 한다. 만일 시장 이자율이 중앙은행 이자율 정책의 영향등으로 상승할 것으로 예상된다면 채권의 매입은 증가할 것인가 또는 감소할 것인가 ?
  - 시장 이자율이 한차례 상승한 후 당분간 더 이상 상승할 가능성이 크지 않다고 가정하자. 이 경우 새로 발행되는 이표채는 상승한 시장 이자율을 반영하여 현재보다 높은 이자율로 발행될 것이다. 또한 향후 추가 금리상승 기대

가 크지 않으므로 시장 이자율이 발행금리보다 높아질 때 발생하는 자본손실의 가능성도 크지 않다. 새로 발행되는 채권을 매입하면 자본손실의 기대없이 더 높은 이자수입을 얻을 수 있으므로 새로 발행되는 채권에 대한 수요가 클 것이다.

- 시장 이자율이 향후 1~2년 사이에 몇 차례 단계적으로 상승할 것으로 예상된다고 가정하자. 이표채는 매 발행 때마다 새로이 상승한 시장 이자율을 반영하여 점점 더 높은 이자율로 발행될 것이다.

  발행 이자율이 단계적으로 높아지게 되면 현재보다 높은 이자율로 발행된 채권을 매입하더라도 시장 이자율이 그 채권의 발행시점 이자율보다 더욱 높아지면 자본손실(capital loss)이 발생할 수 있다.

- 아래의 가정된 예를 가지고 이를 다시 생각해 보자.

  A는 현재의 상황을 나타내며 시장 이자율이 1.5%라고 가정하자. B, C, D, E는 각각 이자율이 매 기간 0.25%p 만큼 오를 것으로 예상되는 상황을 나타낸 것이다.

  이표채를 B상황에서 매입하는 경우 발행 이자율이 1.75%로서 A의 경우에 비해 0.25%p 높다. 그러나 이 채권을 E의 경우에 이를 때까지 보유한다면 시장 이자율은 2.5%가 되어 이 채권의 매입시점 이자율보다 0.75%p 높다. 무시할 수 없는 규모의 자본손실(capital loss)이 발생할 것이다.

따라서 채권의 매입 결정은 그 채권의 발행 이자율뿐만

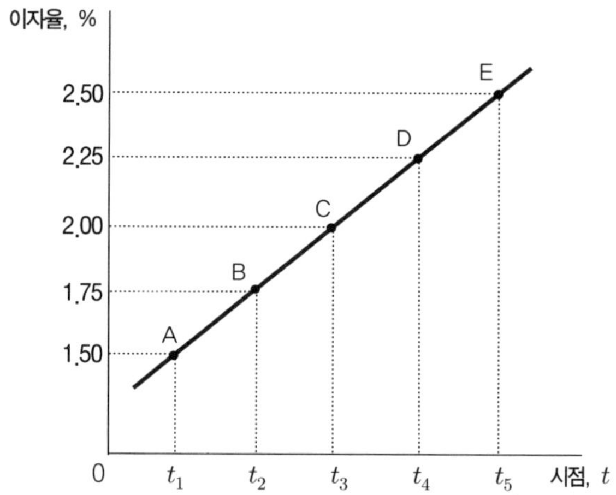

아니라 향후 예상되는 이자율의 방향성을 고려한 자본이득 또는 자본손실까지도 함께 감안하여 이루어져야 한다.

4 특별 주제 : 마이너스 이자율 채권(negative yielding bonds)

— 마이너스 이자율 채권의 발행 사례

- 헨켈(Henkel)사는 2년 만기 5억 유로의 회사채를 마이너스 0.05%의 이자율로 발행하였으며, 사노피(Sanofi)사는 3.5년 만기 10억 유로의 회사채를 마이너스 0.05%의 이자율로 발행하였다. 2016년 9월에 일어난

일들이다.

마이너스 이자율 채권이란 투자자들이 이자를 받는 것이 아니라 오히려 그 채권의 발행자에게 이자를 지급해야 하는 것을 의미한다. 그런데도 투자자들이 마이너스 이자율 채권을 사는 이유는 무엇일까? 크게 세 가지 이유를 생각할 수 있다.

- 첫째, 마이너스 이자율 채권의 마이너스 폭(예 : −0.05%)이 다른 금융상품의 마이너스 폭보다 작다면 이 마이너스 채권이 상대적으로 매력적일 수 있다. 당시 유로지역의 경우 은행의 예금금리가 −0.4%까지 이르렀으며 이 경우 −0.05%는 −0.4%보다 이자율면에서 0.35%p 유리한 입장에 있다. 이것이 당시 유로지역의 상황이었다.
- 둘째, 비록 소폭의 마이너스 이자율(앞의 예 : −0.05%)로 발행된 채권이더라도 앞으로 시장 이자율의 추가 하락을 기대할 수 있다면 이 채권에 대한 수요가 합리적일 수 있다. 시장 이자율의 마이너스 폭이 더 확대될 경우, 당시 −0.05%의 금리로 발행된 채권은 향후 추가적인 이자율 하락에 따른 자본이득(capital gain)으로 채권가격의 상승을 기대할 수 있었기 때문이다.

일부 투자자들은 이와 같이 마이너스 이자율 채권의 가격이 시장 이자율의 추가 하락으로 인한 자본이득에 의해 추가적으로 상승할 가능성을 기대(speculation of capital gain)하고 이 채권을 매입했을 것이다.

- 셋째, 부자들은 자산을 쉽고 간편한 방법으로 후손들에게 물려주고 싶어 한다. 무기명 채권을 통해 거액의 자산을 후손들에게 물려줄 수 있다면 이는 부자들이 다소의 비용을 감수하고 마이너스 이자율 채권을 매입하는 동기가 될 수 있다.

제 7 주 통화 제도(The Monetary System)

Macroeconomics

1 화폐의 개념

— 화폐(money) : 화폐란 재화와 용역을 구입하는 지급수단으로서 일반적으로 거부당하지 않고 인정되는 자산으로 정의할 수 있다.

- 화폐는 다음 3가지 기능을 충족해야 한다. 교환의 매개수단(medium of exchange), 계산단위(unit of account), 가치축적의 수단(store of value).

- 화폐는 자산 가운데 유동성이 가장 높은 자산이다.

— 상품화폐(commodity money)와 법정화폐(fiat money)

- 상품화폐 : 상품화폐는 그 자체에 내재가치(intrinsic value)가 있는 상품(commodity, 예 : 금, 은 등)으로 제작된 화폐를 말한다.

- 법정화폐 : 법정화폐는 그 자체에 내재가치가 없는 종이 또는 플라스틱 등으로 제작된 화폐이며, 내재가치가 없기 때문에 국가가 법으로 그 사용 및 수취를 강제한다. 따라서 법정화폐라는 용어가 사용된다.
  - 조폐이익(seignorage) : 조폐이익이란 국가가 화폐를 제조

하여 유통시킬 때, 화폐의 제조비용이 유통시키는 화폐의 액면금액보다 작기 때문에 그 차이에서 얻는 이익을 말한다.

- seignorage의 어원 : 중세시대에 봉건국가의 군주들은 자국 영토내에서 통용되는 화폐를 금, 또는 은 등으로 제조하여 유통시켰다. 이 때 화폐 제조에 사용되는 금 또는 은의 원가에 비해 큰 금액을 화폐의 액면금액으로 정하여 유통시킴으로써 그 차액을 통치비용으로 충당하였다. 이처럼 화폐를 제조하여 유통시킴으로써 얻을 수 있는 이익은 봉건시대 군주만이 누릴 수 있는 특권이었다. 따라서 군주를 뜻하는 seignor와 그와 관련된 특권이라는 의미로 사용하기 위해 age가 결합한 단어가 바로 seignorage이다.

■ 기축통화인 미 달러화의 조폐차익(seignorage) 독점 논쟁 : 두 가지 논점

- 첫째, 달러화는 미국이 발행하는 한 국가의 통화인데 사실상(de facto) 세계의 기축통화(key currency) 기능을 수행하고 있다. 세계의 기축통화는 한 국가가 아닌 세계를 대표하는 기구 또는 기관이 발행해야 하지 않은가?
- 둘째, 달러화를 발행함에 따른 조폐차익(seignorage)을 미국이 독점하는 것이 과연 공평한가? 이러한 문제제기는 현재 발행된 달러화의 약 절반이 미국 밖에서 유통되고

있어서 미 달러화의 발행증가 등으로 그 가치가 크게 하락하면 그 피해의 약 절반은 미국 이외 국가들이 부담하는 한편, 미 달러화의 조폐차익은 미국이 독점하는 사실과 연계하여 이해할 수 있다. 이러한 문제가 제기되는 배경의 하나로서 미 달러화의 발행규모를 미국이 결정하는 점을 들 수 있다. 미국이 자국의 이익을 우선하는 정책(예 : America First)을 추진할 경우 전세계의 기축통화인 달러화의 공급량을 미국에 유리하게 결정할 수 있다. 그러나 이러한 문제제기에 대한 대안[1]을 찾기 어렵기 때문에 국제사회는 위에 언급한 문제점이 인정됨에도 불구하고 달러화를 사실상의 기축통화로 사용하고 있다.

미 화폐 액면 금액 및 제조 비용

액면 금액	제조 비용
$1 and $2	5.6 cents per note
$5	11.0 cents per note
$10	11.7 cents per note
$20	10.8 cents per note
$50	12.9 cents per note
$100	13.2 cents per note

주: 1) 2018년 기준
자료: 미 연준

---

1) 중국을 중심으로 국제통화기금(IMF, International Monetary Fund)과 그 회원국들사이에 사용하는 특별인출권(SDR, Special Drawing Right)을 달러화를 대신하여 세계의 기축통화로 사용하자는 주장이 있었다. 그러나 SDR은 화폐로서 사용될 지폐나 주화가 발행되어 있지 않고 오직 증서 형태로만 존재하며 회원국간의 거래에서 SDR을 다른 통화로 교환할 수 있도록 인정되는 권리일 뿐이다. 현실적으로 화폐로서 기능할 수 없는 한계가 있다.

2 통화정책 수단

— 전통적인 통화정책 수단(Conventional Tools of the Monetary policy)

- 공개시장운영(Open Market Operation, OMO) : 공개시장운영은 중앙은행이 시장에서 공개적으로 채권을 매입 또는 매도함으로써 통화량 또는 이자율을 목표수준으로 유도하는 것을 말한다.
  - 공개시장 매입(open market purchase) : 중앙은행은 상업은행으로부터 채권을 매입하고 그 대금지급 방법으로 상업은행이 중앙은행에 개설한 지급준비금(reserves, R) 계정의 잔액을 증가시킨다. 상업은행이 보유하는 지급준비금의 증가는 중앙은행의 상업은행에 대한 부채 증가로서 본원통화[2](本源通貨, monetary base, MB)의 발행증가를 의미한다.

    중앙은행은 은행이 아닌 일반 대중들로부터 채권을 매입할 수도 있다. 이 경우 중앙은행은 일반적으로 채권을 매

2) 본원통화라는 용어는 중앙은행이 상업은행에 공급하는 통화가 이를 바탕으로 상업은행이 일반 대중들에게 대출을 통해 신용을 창조하는 원천이 된다는 의미에서 나온 것이다. 이 본원통화는 이를 바탕으로 시중은행들이 통화승수 과정을 통해 몇배의 통화를 창출할 수 있기 때문에 고성능통화(high powered money)라고도 한다.

도한 일반인에게 중앙은행 수표를 발행하여 지급한다. 일반인이 이 수표를 상업은행에 예치하면 상업은행이 이 중앙은행 수표를 다시 중앙은행에 예치하여 중앙은행에 개설된 상업은행의 지급준비금 계정 잔액이 증가하기 때문에 상업은행의 지급준비금이 늘어난다. 일반인이 이 수표를 중앙은행에 제시하고 현금을 수령하면 시중의 현금통화(currency, C)가 증가한다.

요약하면, 중앙은행이 채권을 매입하면 본원통화가 지급준비금 또는 현금통화의 형태로 증가한다. 따라서 본원통화는 지급준비금과 현금통화로 구성된다.($MB=R+C$)

- 공개시장 매도(open market sale) : 중앙은행이 시장에서 공개적으로 채권을 매도하면 채권의 매수자는 그 대금을 지급해야 하기 때문에 본원통화가 지급준비금 또는 현금통화의 형태로 감소한다.(감소 과정은 앞에 설명한 바의 역순이므로 생략한다.)
- 거래대상 기관 : 중앙은행이 공개시장에서 금융기관을 대상으로 채권을 매매할 때에는 그 참가대상 금융기관을 일정한 자격요건을 갖춘 기관(primary dealers)들로 제한하고 있다. 중앙은행과의 채권매매 거래 후 대금지급의 의무를 이행하지 않는 등의 위험을 방지하기 위한 것이다.

- 환매조건부매도(還買條件附賣渡 : repurchasing, R/P) : 환매조건부매도는 상업은행이 중앙은행에 채권을 매도(賣渡)하고 일정기간 후 이 채권들을 다시 매입(환매, 還買)하는 것이며 이 두가지 거래가 함께 묶여서 이루어진다.

  • 따라서 R/P는 형식적으로는 채권의 매도와 환매가 결합된 채권의 매매형태이지만 실질적으로는 매도한 채권을 담보로 하여 환매시까지 자금을 융통하는 것으로 이해할 수 있다.

    그 이유는 상업은행은 중앙은행에 채권을 매도하여 융통한 자금을 환매시까지 이용한 후 환매를 통해 채권을 다시 매입하고 융통한 자금을 상환하는 것과 경제적 실익이 동일하기 때문이다.

  • R/P와 반대방향의 거래도 있는데 이를 reverse R/P 또는 matched sale-purchase agreement로 부른다. 이 경우는 상업은행이 채권을 사면서 유동성을 중앙은행에 제공한 후 나중에 이 매입한 채권을 다시 매도하여 유동성을 찾아오는 것이다. matched sale-purchase agreement라는 용어는 중앙은행 관점에서 지어진 것이다.

- 지급준비율(Required Reserve Ratio, rr)

  • 지급준비율이란 상업은행이 예금의 일정비율(예 : 5%)을

중앙은행에 개설된 계좌에 예치하도록 중앙은행법과 관련규정으로 강제하는 것을 말한다. 상업은행은 예금중 지급준비금으로 예치된 부분을 대출재원으로 사용할 수 없다.

- 중앙은행이 지급준비율을 변경하면 상업은행이 대출에 사용할 수 있는 재원규모가 늘거나 줄어들기 때문에 통화승수 과정을 거쳐 통화량이 변동한다.(통화승수 참조)
- 예를 들어, 중앙은행이 지급준비율을 올리면 상업은행이 대출에 사용할 재원이 줄어들고 결국 통화승수 과정을 통한 신용창조 규모가 줄어든다.
- 지급준비율의 변경은 통화승수 과정을 통한 통화량의 변동으로 인해 금융부문에 미치는 영향이 매우 크기 때문에 중앙은행은 지급준비율의 변경에 매우 신중을 기하고 있다.

■ 재할인 정책(再割引 政策, Discount Policy) : 재할인 정책이란 중앙은행이 상업은행 보유채권을 할인방식(discounting)으로 매입할 때 적용하는 이자율인 재할인율을 변경함으로써 시중 유동성을 조절하는 정책을 말한다.

- 상업은행은 보유채권을 중앙은행에 할인방식으로 매도함으로써 중앙은행으로부터 유동성을 얻는다. 따라서 상

업은행이 보유채권을 중앙은행에 매도할 때 채권의 만기까지 남은 기간만큼 이자를 할인방식으로 공제하고 채권대금을 수령한다. 그런데 상업은행이 중앙은행에 할인방식으로 매도하는 채권들은 통상적으로 상업은행이 이미 시중에서 할인방식으로 매입한 것들이다. 따라서 상업은행이 중앙은행에 채권을 할인하는 경우 이를 재할인(re-discounting)이라 한다.

- 중앙은행이 재할인율을 올리면 상업은행이 보유채권을 할인매각할 때 채권의 현재가치가 하락하고 상업은행이 얻는 유동성도 줄어든다. 따라서 상업은행이 재할인을 통해 유동성을 확보하려는 수요가 감소한다.
- 중앙은행은 재할인율을 정할 때 통화정책의 목표금리보다는 약간 높은 수준에서 정한다. 그 이유는 상업은행들이 가급적 은행간 자금시장에서 부족자금을 조달하고 불가피한 경우 중앙은행에서 재할인을 통해 유동성을 조달하도록 유도하기 위한 것이다. 상업은행들이 은행간시장에서 자금을 융통할 때의 이자율은 대체로 목표금리 수준과 큰 차이가 없다. 그런데 중앙은행의 재할인 이자율이 이 목표금리보다 낮으면 상업은행들은 유동성이 부족할 때 은행간 시장에서 유동성을 구하려는 노력을 할 필요 없이 곧바로 중앙은행의 재할인을 요청할 수 있기 때문이다.

— 비전통적 통화정책 수단(Unconventional Tools of the Monetary Policy)

■ 비전통적 통화정책 수단의 등장 배경 : 2008년에 발발한 글로벌 금융위기 이후 전통적인 통화정책 수단들은 두 가지 측면에서 한계를 드러냈다. 첫째는 자본을 생산적인 부문에 사용되도록 배분하는 데 제약이 따랐다. 둘째는 중앙은행의 정책금리가 이미 0% 수준에 근접하여 중앙은행이 경기진작을 위해 이자율을 더 낮추는 것이 어려워졌다.

■ 양적 완화(Quantitative Easing, QE)

- 미국의 중앙은행인 미연준(the Fed of the USA, Fed)을 포함한 주요국 중앙은행들은 국채를 대량으로 매입하는 한편, 국채 이외에도 전통적인 공개시장조작 대상 증권보다 넓은 범위의 증권들(예: MBS, 회사채 등)을 대규모로 매입함으로써 본원통화의 공급을 증가시켰다.

  중앙은행의 정책금리가 이미 0% 수준에 근접하여 더 이상의 정책금리 인하가 어려워진 상황에서 통화량을 대규모로 늘리는 정책을 시행함에 따라 양적완화라는 용어가 등장하게 되었다.

- 이러한 약적완화 정책은 단지 통화량의 증가만을 초래한

것이 아니다. 중앙은행들이 보다 넓은 범위의 증권들을 다양하게 매입함에 따라 한편으로는 중앙은행의 부채인 본원통화가 증가하였고 다른 한편으로는 중앙은행 보유 자산이 보다 다양해졌다. 중앙은행들이 특정분야 또는 특정 만기의 채권들을 매입하여 그 부분에 유동성을 집중 공급함에 따라 중앙은행의 보유자산이 보다 다양해졌고 재무상태표에도 변화가 생겼다.

■ Forward Guidance

- 미 연준은 글로벌 금융위기 이후 통화정책 결정 후 발표문에 향후 통화정책 방향의 기조를 포함시켜 공개하였다. 예를 들어 상당기간 제로금리 수준을 유지한다든지 또는 통화정책의 완화기조를 당분간 유지한다든지 하는 내용을 통화정책 발표문에 포함하였다. 이에 따라 시장에서는 미 연준의 정책기조를 미리 내다보고 투자와 자금운용 계획을 수립할 수 있게 되었고 통화정책의 불확실성에 따른 불안감이 해소되었다.
- 물론 이러한 forward guidance가 성공하기 위해서는 중앙은행의 통화정책에 대한 신뢰가 있어야 한다. 중앙은행의 통화정책 수행능력에 대한 국민들의 신뢰와 중앙은행의 중립성이 관건이다.

주요 중앙은행 자산

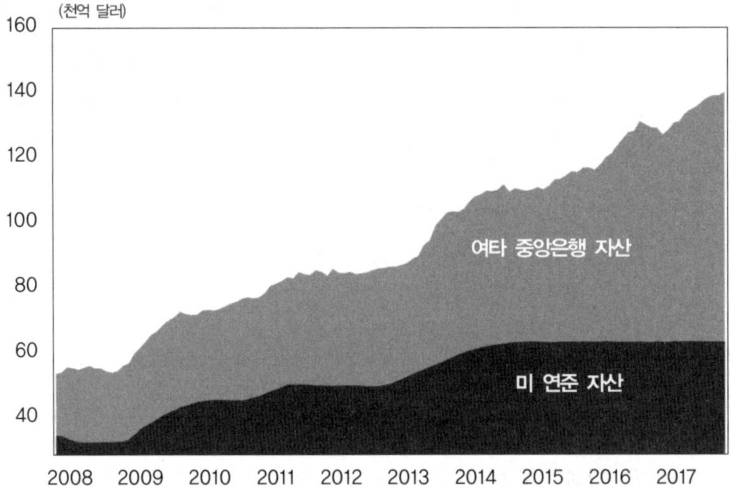

주: 1) 여타 중앙은행: 유럽중앙은행, 일본은행, 영란은행

한국은행의 자산 및 외환보유액

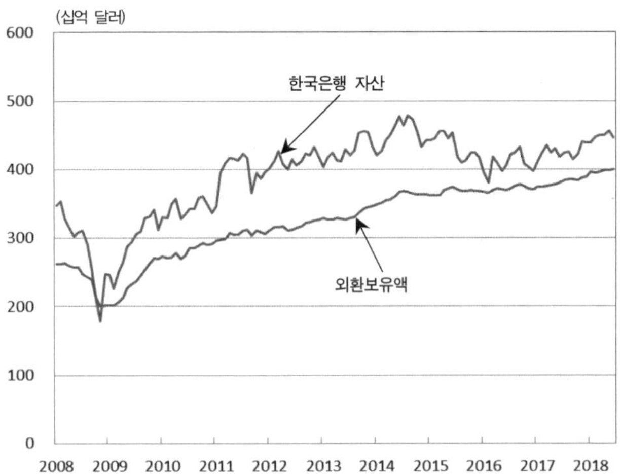

3 통화승수(The Money Multiplier)

— 통화승수, 단순 예금승수 모형(The Simple Deposit Multiplier)

- 중앙은행이 상업은행으로부터 채권을 100만큼 매입하면 본원통화가 그만큼 증가한다.

- 상업은행(은행1)은 채권을 매도하고 수취한 본원통화 100에서 지급준비금을 제외한 나머지를 대출할 수 있다. 만일 지급준비율이 rr이면 대출 가능규모는 100$(1-rr)$이 된다.

  (은행1)으로부터 $100(1-rr)$을 대출받은 사람은 이 자금을 다른 사람에게 대금 지급 등으로 사용하게 될 것이고 이 자금을 받은 사람은 자신의 거래은행(은행2)에 $100(1-rr)$만큼을 예금(deposit, D)할 것이다.

  (은행2)는 예금받은 $100(1-rr)$에서 지급준비금을 제외하고 즉, $100(1-rr)$에 $(1-rr)$을 곱한 규모인 $R(1-rr) \cdot (1-rr)=R(1-rr)^2$을 대출할 것이다.

  이러한 과정은 아래와 같이 끝없이 진행될 것이다.

$$\Delta D=R\cdot\left[1+(1-rr)+(1-rr)^2+\cdots\cdots\right]$$

$$= R \cdot [1/\{1-(1-rr)\}]$$
$$= R \cdot (1/rr),\ \text{여기서}\ R=100\text{으로 가정하였다.}$$

— 통화승수, 확장형 모형(The Money Multiplier, extended model)

■ 본원통화가 지급준비금(reserve, R)과 현금통화(currency, C)로 구성되는 것은 이미 앞에서 살펴보았다.

- 현금통화는 사람들이 거래 목적으로 보유하고 있는 화폐이다. 따라서 한 나라 경제에서 전체 예금 중 어느 정도가 현금통화로 보유되는지는 각 나라의 경제상황과 그 나라 사람들의 행태에 따라 다를 수 있다. 그러나 각 나라별로 예금의 일정비율이 현금통화로 보유되는 것은 관찰할 수 있다. 이 비율, 즉 예금의 몇%가 현금통화로 보유되는지의 비율이 현금보유비율(currency holding ratio, c)이다. 여기서 $c = C/D$이므로 $C = c \cdot D$가 된다.

- 지급준비금은 상업은행이 예금자의 인출 가능성에 대비하여 중앙은행에 개설된 자기은행 명의의 계좌에 예치한 돈이다.

  상업은행은 지급준비금을 예치할 때 중앙은행이 설정하는 지급준비율(required reserve ratio, rr)을 기준으로 하지만, 통상적으로 지급준비율로 요구되는 금액보다 다소 많게 지급준비금을 보유하는 경향이 있다. 만일 지급준비율을 맞추지 못할 경우 급하게 또는 고금리로 은행간 시장에서 차입을 하여야 한다. 또한 혹시라도 필요금액을 차입하지 못할 경우에는 지급준비금 적립 의무를 다 하지 못함에 따라 불이익을 당할 수 있다.

이처럼 상업은행들이 지급준비율에 요구되는 수준보다 다소 많은 금액을 지급준비금으로 보유함에 따른 차액(실제 보유 지급준비금－필요지급준비금)이 초과지급준비금(excess reserve)이며 이 초과지급준비금이 예금의 몇%인지가 초과지급준비율(excess reserve ratio, er)이다.

그러니까 지급준비금은 필요지급준비금과 초과지급준비금으로 구성되어 있고 따라서 아래의 관계가 성립한다.

> 지급준비금(R) = 필요지급준비금($RR = rr \cdot D$) + 초과지급준비금($ER = er \cdot D$), $R = (rr + er) \cdot D$

- 요약하면 본원통화 $MB = C + R = c \cdot D + (rr + er) \cdot D = (c + rr + er) \cdot D$이다.

■ 통화(money, M)는 예금통화(deposit, D)와 현금통화(currency, C)로 구성되어 있다.

- 상업은행이 대출을 하면, 대출받은 돈의 일부는 현금으로 보유되고 나머지가 상업은행의 예금으로 돌아온다.

  따라서 $M = C + D = c \cdot D + D = (c + 1) \cdot D$이 된다.

— 앞에 설명한 관계식을 이용하여 통화승수(money multiplier)를 아래와 같이 유도할 수 있다.

$$M = m \cdot MB$$

$$C + D = m \cdot (C + R)$$

$$c \cdot D + D = m \cdot \{(c \cdot D) + (rr + er) \cdot D\}$$

$$D(1 + c) = m \cdot D(rr + er + c)$$

$$m = (1 + c)/(rr + er + c)$$

— 통화승수가 함축하고 있는 의미

- 통화승수는 3가지 요소로 구성되어 있으며 각각의 요소는 본원통화와 통화가 내생성(endogeneity)과 외생성(exogeneity) 중 어느 성격이 강한지를 보여준다.
- 현금보유비율(currency holding ratio, c) : 현금보유비율은 사람들이 예금 중 어느 정도(예 : 몇%)를 현금으로 보유하는지를 나타낸다. 사람들의 개별적인 현금보유비율은 각각 다르겠지만 한 나라 경제 전체적으로는 하나의 수치로 나타낼 수 있다.

  이 현금보유비율은 주로 사람들의 현금보유 성향 및 거래 행태에 영향을 받는다. 물론 중앙은행이나 정부의 정책이 현금보유비율에 다소 영향을 미칠 수도 있겠으나 개개인의 현금보유 성향이나 거래 행태가 더 큰 영향을 미칠 것이다. 따라서 현금보유비율은 외생성보다는 내생성이 강하다고 볼 수 있다.

- 요구 지급준비율(required reserve ratio, *rr*) : 요구 지급준비율은 중앙은행이 경제상황과 통화정책 기조를 감안하여 결정한다. 따라서 요구 지급준비율은 경제 시스템내의 변수들간 상호 영향을 받아 결정되기보다는 중앙은행의 정책적 의지가 더욱 강하에 반영되어 결정된다. 요구 지급준비율은 내생성보다는 외생성이 강하다고 볼 수 있다.

- 초과 지급준비율(excess reserve ratio, *er*) : 초과 지급준비율은 상업은행들이 실제 지급준비금을 요구 지급준비율에 비해 어느 정도나 여유 있게 보유하는가의 정도를 나타낸다. 따라서 초과 지급준비율은 상업은행들의 경영 및 투자 전략과 행태에 주로 의존한다.

  적극적이고 과감한 투자전략을 가지는 상업은행들은 가급적 최대한 대출과 투자를 하고 초과 지급준비금을 최소한으로 보유하려 할 것이므로 낮은 초과 지급준비율을 보일 것이다. 반면에 보수적이고 안전한 투자전략을 운용하는 상업은행들은 다소 여유있는 초과 지급준비금을 보유하려 할 것이므로 초과 지급준비율 수준이 다소 높을 것이다. 따라서 초과 지급준비율은 외생성보다는 내생성이 강하다고 할 수 있다.

— **본원통화(monetary base, MB) : 본원통화는 중앙은행이 상업은행이나 개인들에게 공급한 통화이다. 중앙은행은 거시경제 상황과 통화정책 기조를 주로 감안하여 본원통화의 양을 결정한다. 따라서 본원통화는 내생적인 면보다 외생적인 면이 강하다.**

- 그러나 금융위기와 같은 예외적인 경우에는 중앙은행의 당초 의도와 다르게 본원통화가 공급될 수도 있다. 따라서 본원통화를 완전히 외생적이라고 하기는 어렵다.

— **통화는 현금통화와 예금통화로 구성된다.**

- 현금통화는 개인들의 현금보유 성향에 주로 의존하므로 내생적인 성격이 강하다.

- 그러나 예금통화는 그 성격을 논할 때 여러 가지 요인들을 함께 감안해야 한다.

- 첫째, 상업은행들의 대출 및 투자 전략이 적극적인지 또는 소극적인지가 중요하다. 상업은행의 경영전략이 적극적이면 초과 지급준비율을 최소화하고 대출과 투자를 통한 이윤 극대화를 추구할 것이다. 이 경우 통화승수를 낮추는 방향으로 작용하는 초과 지급준비율이 감소하고 대출을 통한 신용창조가 증가하여 통화량이 증가할 것이다.
- 둘째, 요구 지급준비율은 근본적으로 중앙은행의 정책적 의지에 의해 주로 결정된다.
- 셋째, 현금보유비율은 개인들의 현금보유 성향과 사회관습에 주로 영향을 받아 결정된다.

이상의 요인들을 감안할 때, 예금통화는 외생적인 성격보다는 내생적인 성격이 강하다고 할 수 있다.

■ 위의 요인들을 종합적으로 감안할 때 통화는 점점 더 내생성이 강해지고 있는 것으로 볼 수 있다.

제 8 주 통화량 증가와 인플레이션

Macroeconomics

1 인플레이션(Inflation)

— **인플레이션 : 인플레이션은 전반적인 물가수준이 높아지는 것을 의미한다.**

- 초인플레이션(Hyperinflation) : 초인플레이션은 인플레이션이 매우 높은 상황으로서, 예를 들어 인플레이션이 월 50%를 초과하는 경우이다.

— **디플레이션(Deflation) : 디플레이션은 전반적인 물가수준이 감소하는 경우를 말한다. 따라서 인플레이션이 마이너스(−)를 보인다.**

- 디스인플레이션(Disinflation) : 디스인플레이션은 인플레이션이 낮아지기는 하지만 여전히 양(+)의 인플레이션이 유지되는 경우를 말한다. 따라서 디스인플레이션은 중앙은행의 판단에 인플레이션이 목표수준보다 높을 경우 정책금리 인상, 통화량의 감소 정책 등을 통해 인플레이션을 원하는 적정수준으로 끌어내리려 할 때 주로 나타난다. 디플레이션과 디스인플레이션이 다른 개념임을 유의해야 한다.

— 인플레이션 세금(Inflation Tax) : 인플레이션 세금은 중앙은행이 통화량을 증가시켜서 발생하는 인플레이션에 의해 보유하고 있는 화폐의 구매력이 감소하는 것을 말한다.

- 중앙은행이 화폐 발행을 증가시키면 인플레이션이 높아지고 화폐의 실질가치, 즉 구매력이 감소한다. 보유 화폐의 명목가치는 그대로이지만 인플레이션에 의해 물가가 상승하여 보유 화폐로 종전의 재화를 구매하기에 인플레이션만큼 부족해지기 때문이다. 이 부족분은 중앙은행이 통화량을 증가시켜서 인플레이션을 유발하고 그만큼 화폐 보유자의 구매력을 세금으로 징수한 것과 같은 효과를 가진다는 의미에서 인플레이션 세금이란 용어가 나오게 되었다. 이 인플레이션 세금은 화폐발행의 독점권을 가진 중앙은행의 조폐차익(seignorage)의 일종이며 통상적으로 중앙은행의 이익은 정부로 귀속된다.

2 통화정책의 목표(Some Targets of the Monetary Policy)

— 물가안정 목표(The Price Stability Goal)

- 개념 : 물가의 안정은 대부분 중앙은행의 최종적 정책 목표이다. 여기서 물가 안정이란 낮은 수준의 안정적인 인플레이션을 의미하며 인플레이션이 0%임을 의미하지는 않는다. 물가 안정이 중앙은행의 가장 중요한 정책목표인 이유는 무엇일까?

  • 물가가 불안정적으로 상승하면 경제의 불확실성이 커진다. 그러면 소비자, 기업가, 정부 등 경제주체들의 향후 의사결정이 더욱 복잡해지고 어려워진다.

  • 만일 중앙은행이 인플레이션을 안정적으로 관리해 왔고 그 중앙은행이 믿을만하다면, 시장참가자들은 장기계획을 지속적으로 마련할 수 있을 것이다.

- 인플레이션 목표와 명목지표 고정(The Inflation Targeting and Nominal Anchor) : 명목지표 고정이란 중앙은행의 물가안정 목표를 인플레이션과 같은 명목지표에 고정시키는 것을 의미한다.

  • 명목지표 고정의 긍정적 효과 : 첫째, 명목지표가 도입되면 중앙은행의 자의적인 통화정책(discretionary monetary policy) 수행이 어려워지며 낮고 안정적인 인플레이션 기대의 형성에 도움이 된다. 둘째, 중앙은행은 정부의 확장적 통화정책 요청을 명목지표 기준 통화정책 목표를 근거로 거절할 명분을 얻게 된다.

— 높은 수준의 고용(High Employment)

■ 개념 : 높은 수준의 고용이란 자연율 수준의 실업률을 의미하며 실업률 0% 수준을 의미하지는 않는다.

- 자연율 수준의 실업률이란 완전고용 수준에 상응하는 상황에서 노동시장의 수요와 공급이 장기적으로 균형을 이루는 실업률 개념으로서 실업률이 0%보다는 높은 수준이다.
- 자연율 수준의 실업률 상태에서 생산되는 산출량 수준을 잠재 생산(potential output)이라 부른다.

■ 자연율 수준의 실업률을 사용하는 것은 다음과 같은 이유 때문이다.

- 마찰적 실업 : 근로자와 기업이 서로 필요한 상대방을 찾는 과정에서 정보의 불일치로 인해 최적의 조합을 찾지 못하고 실업이 불가피하게 발생하는 경우가 있다.
- 구조적 실업 : 임금의 경직성에 따른 구조적 실업이 완전히 제거되기 어렵다. 임금의 경직성은 최저임금법, 노동조

합, 효율적 임금 등의 결과임을 우리는 이미 살펴보았다.

— 금융시장의 안정성(Financial Market Stability)

- 금융위기는 금융시장이 자금을 생산적인 투자로 연결하는 기능을 약화시키고 경제 활동을 크게 위축시킨다.
  - 따라서 금융시장의 안정성은 금융위기를 예방하는 데 매우 중요하다.

— 이자율의 안정성(Interest Rate Stability)

- 이자율의 안정성은 경제의 불확실성을 감소시키고 금융시장의 안정성을 유지하는 데 매우 중요하다.
  - 이자율의 안정성은 장기투자 관련 의사결정을 할 때에 매우 중요하다.

— 외환시장의 안정성(Foreign Exchange Market Stability)

- 외환시장의 안정성은 한 나라가 소규모 개방경제로서 대외 무역에 크게 의존하는 경우에 특히 중요하다.
  - 한 나라 통화가치 상승은 그 나라 제품의 수출 가격경쟁력을 약화시킨다.

• 한 나라 통화가치 하락은 그 나라 제품의 수출 가격경쟁력을 높이지만, 수입재품 가격의 상승을 통해 인플레이션 압력을 증가시킨다.

3 물가안정 목표제(Inflation Targeting)

— 개념 : 물가안정 목표제도는 한 나라 중앙은행이 중기적 인플레이션 목표를 구제적인 수치로 공표하고 또한 물가안정을 통화정책의 최우선 목표로 발표하는 방식으로 실행된다.

■ 중앙은행은 공표된 인플레이션 목표의 달성에 책임을 지게 되며 이에 따라 통화정책 수행의 독립성이 존중된다.

— 물가안정 목표제 채택 국가 : 물가안정 목표제를 채택한 국가로는 뉴질랜드(1990), 캐나다(1991), 영국(1992), 스웨덴(1993), 핀란드(1993), 호주(1994), 스페인(1994) 등이 있다.

■ 뉴질랜드는 매우 엄격한 형태의 물가안정 목표제를 채택하였다.

• 중앙은행(The Reserve Bank)은 물가안정을 유일한 목표로

삼도록 법으로 정해 놓고 있다. 재무부장관과 중앙은행 총재는 상호 협의한 후 통화정책 목표 관련 합의 사항을 공표한다.

• 합의 사항은 인플레이션 목표의 수준을 범위로 명시하고 그 목표의 달성기간도 공표한다. 중앙은행이 인플레이션 목표를 달성하지 못할 경우 이는 중앙은행총재의 해임사유가 된다.

— 물가안정 목표제의 장점(Advantages of the inflation targeting)

■ 물가안정 목표제를 시행하면 중앙은행이 단기적인 경제성과를 위해 과도하게 팽창적인 통화정책을 추구할 가능성이 줄어든다.

■ 중앙은행은 확장적인 통화정책을 수행하라는 정치적인 압력이 있을 경우 인플레이션 목표 달성 책무를 이유로 이를 거부할 수 있다.

■ 인플레이션 목표의 시행으로 통화정책의 투명성이 확보되면 중앙은행이 국민들에게 약속한 인플레이션 목표 달성의 책임소재가 분명해진다. 따라서 중앙은행의 신뢰도가 높아지고 통화정책도 장기에 걸쳐 지속가능한 방식으로 수행될 수 있다.

— 물가안정 목표제의 단점(Disadvantages of the inflation targeting)

- 경직성(Rigidity) : 중앙은행이 인플레이션 목표를 매우 경직적으로 달성하려고 하면 예상하지 못한 경제상황 변화에 신축적으로 대응할 수 없다.
  - 이러한 경직성은 인플레이션 목표를 유연하게 운용하면 극복할 수 있다. 중앙은행은 상당한 수준의 재량적 판단 권한을 가지고 모든 가능한 정보를 이용하여 최적의 정책적 조치를 결정할 수 있다.

- 산출의 변동성(Output Fluctuation) : 중앙은행이 인플레이션 목표를 매우 엄격히 준수하면, 중앙은행은 매우 엄격히 통화정책을 수행해야 하고 이에 따라 산출량의 변동성이 커진다.
  - 이러한 문제는 인플레이션 목표를 중기적으로 설정하고 만일 실제 인플레이션이 목표범위를 초과할 경우 인플레이션 감축을 점진적으로 시행함으로써 완화시킬 수 있다.

4 미 연준의 통화정책 수행 전략(Monetary Policy Strategy of US Federal Reserve)

— 미 연준은 통화정책을 수행함에 있어 명목지표에 고정된 통화정책 전략을 명시하지 않는다.

- 연준은 인플레이션을 장기적으로 통제하기 위하여 이에 대해 최우선적으로 우려를 표현하는 방식으로 암묵적으로 정해진 명목지표(implicit nominal anchor)를 사용한다.

- 연준은 향후의 인플레이션 조짐을 면밀하게 관찰한 후 이를 바탕으로 인플레이션 위협에 대해 선제적인 조치(preemptive actions)를 취한다.

— 미 연준 통화정책의 장점

- 연준은 가능한 정보를 최대한 활용하여 최선의 통화정책 수단을 강구한다.
  - 연준은 통화정책을 수행함에 있어 향후 경제의 방향을 예측하고 이에 대해 선제적인 수단을 강구(forward looking behavior)하는 한편 물가안정을 강조함으로서 과도하게 확장적인 통화정책을 예방하고 정책의 비일관성(time-inconsistency)을 최소화 하려고 노력한다.

- 연준의 통화정책은 전세계적으로 영향을 미치기 때문에 연준은 통화정책 수행시 전세계의 거시경제 및 금융 상황을 함께 반영해야 한다. 따라서 연준이 통화정책 수행시 명시적으로 고정된 명목적인 목표를 사용하지 않는 것은 세계경제의 예기치 못한 상황에 대처할 필요성을 감안할 때 이해할 수 있다.

— 연준 통화정책의 단점

■ 투명성 부족 : 통화정책의 수행과 관련하여 고정된 명목지표가 없기 때문에 연준의 통화정책 분석가들(Fed watchers)은 연준의 통화정책 기조에 관해 주관적인 해석을 제시한다. 이에 따라 과잉반응이 나타날 때도 있고 그로부터 세계 금융시장의 불안정성이 높아지는 경우도 있다.

- 2013년에 있었던 소위 버냉키 쇼크(Bernanke Shock)를 예로 들어 보자. 연준 의장 버냉키(Bernanke)가 "만일 미국경제가 예상대로 개선된다면 연준이 양적완화 규모를 축소할 수 있다"라고 그 가능성을 시사하였다. 시장참가자들은 버냉키가 언급한 "양적완화의 조건부 감축 가능성"에 대해 실제로 양적완화 감축의지를 발표한 것처럼 과잉반응을 나타내었고 신흥시장국 주가와 통화가치가 일시적으로 급격히 하락하였었다.

- 정책의 비일관성(Policy inconsistency) : 공시된 명목지표가 없기 때문에 연준의 정책 기조가 연준 의장이나 이사들의 선호에 따라 바뀔 수도 있다.
  - 또한 공시된 명목지표가 없다는 것은 연준에게 확장적 통화정책을 펴달라는 정치적 압력이 들어갈 수 있다는 것을 의미한다.

제 9 주 통화정책(Monetary Policy)

Macroeconomics

1 통화량 목표제 통화정책(Monetary Policy by Monetary Aggregate Target)

— 통화정책은 중앙은행의 최종목표인 물가안정을 달성하기 위해 수행된다. 따라서 중앙은행은 물가안정 즉, 인플레이션 목표와 밀접한 연관이 있는 변수들을 통화정책의 중간목표(intermediate target)로 설정한다.

- 중앙은행이 통화정책의 중간목표를 달성할 수 있다면 이는 곧 중앙은행이 통화정책의 최종목표인 물가안정도 달성할 수 있다는 것을 의미한다. 중앙은행은 이러한 믿음을 바탕으로 통화정책을 수행한다.

- 통화정책의 중간목표에는 대표적으로 두 가지가 있다. 하나는 통화량 목표이고 다른 하나는 이자율 목표이다.

— 통화량 목표와 이자율 목표(Monetary Aggregate Target and Interest Rate Target)

- 화폐수량설(Quantity Theory of Money) : 통화량을 목표로 하는 통화정책은 화폐수량설에 이론적 바탕을 두고 있다.

$MV = PT = PY$, 자연로그를 취하면,

$\ln(MV) = \ln(PY)$,

$\ln(M) + \ln(V) = \ln(P) + \ln(Y)$, 미분하면,

$d\{\ln(M) + \ln(V)\} = d\{\ln(P) + \ln(Y)\}$

$(1/M)dM + (1/V)dV = (1/P)dP + (1/Y)dY$

$dM/M + dV/V = dP/P + dY/Y$

$\dot{M} + \dot{V} = \dot{P} + \dot{Y}$

$\dot{M} = \dot{P} + \dot{Y} - \dot{V}$

M: 통화량,
V: 화폐의 유통속도,
P: 전반적인 물가 수준,
T: 경제의 총 거래량,
Y: 경제의 총 산출량
•: 변수 위의 •는 증가율을 의미

- 위의 방정식에서, $\dot{M} = \dot{P} + \dot{Y} - \dot{V}$를 얻을 수 있다. 이 방정식이 의미하는 바는 곧, 중앙은행은 통화량 증가 목표를 인플레이션에 GDP 성장률을 더한 후 화폐유통속도의 증가율을 차감하여 구할 수 있다는 것이다.
  - 인플레이션이 증가하면 재화의 명목가치가 상승한다. 따라서 명목 거래금액도 증가하기 때문에 그 결제에 필요한 통화량이 증가해야 한다.
  - GDP가 증가하면 증가된 재화와 용역을 구입하기 위해 통화량이 늘어나야 한다.

- 화폐의 유통속도[1]가 증가하면 거래의 결제에 필요한 통화량이 줄어들어도 총 거래가 제약없이 이루어진다. 그러나 화폐의 유통속도가 감소하면 거래의 결제가 원활히 이루어지도록 하기 위해 통화량이 늘어나야 한다.

■ 고전학파의 이분법(Classical Dichotomy) : 고전학파 경제학자들의 주장에 따르면 통화량의 공급을 늘리면 명목 GDP가 증가하지만 장기적으로 실질 GDP는 증가하지 않는다.

- 이러한 주장은 다음과 같은 논리에 기초한다. 통화량의 공급이 증가하면 단기적으로 이자율이 하락하고 이에 따라 투자 증가를 통해 GDP가 증가한다.

  그러나 장기적으로는 통화량의 증가로 인해 인플레이션이 높아지고 이로 인해 통화량의 실질잔고(real money balance, M/P)를 감소시켜 다시 이자율을 상승시킨다. 그러면 투자가 감소하고 결국 GDP는 원래의 수준으로 돌아간다.

---

1) 동일한 화폐가 거래에 몇 번이나 사용되는가의 정도를 나타낸다. 만일 하나의 화폐가 거래에 1회 사용된 후 더 이상 거래에 사용되지 않는 경우와 하나의 화폐가 거래에 여러 번 사용되는 경우를 비교하면 후자의 경우 전자에 비해 중앙은행이 발행해야 하는 화폐의 규모가 줄어든다.

— 통화량 목표와 본원통화(Monetary Aggregate Target and Monetary Base)

- 중앙은행은 통화량이 통화승수를 매개로 본원통화와 연결되어 있는 관계를 이용하여 본원통화 조절을 통해 통화량의 조절을 시도한다.

$$M = m \cdot MB$$
$$M = (1+c)/(rr+er+c) \cdot MB$$

M : 통화량(monetary aggregate),
m : 통화승수(money multiplier),
MB : 본원통화(monetary base),
c : 현금통화비율(currency holding ratio),
rr : 요구 지급준비율(required reserve ratio),
er : 초과 지급준비율(excess reserve ratio)

- 중앙은행은 위에 제시한 관계식을 이용함에 있어 각각 M, c, rr 및 er에 대한 최선의 추정치를 구하려고 노력한다. 중앙은행은 이러한 추정치에 기초하여 통화정책의 각종 수단을 사용함으로서 본원통화의 양을 바람직한 수준으로 유도하려고 노력한다.
  - 현금보유비율이 증가할 것으로 추정되면 통화승수가 감소할 것으로 예상할 수 있다. 이 경우 중앙은행은 통화량을 원하는 수준으로 유도하기 위해 본원통화의 공급을 늘려야 하고 이를 위해 상업은행으로부터 채권을 매입하게 된다.

- 초과 지급준비율이 높아질 것으로 추정되면 상업은행들이 대출에 보다 보수적임을 의미하며 통화승수의 감소를 예상할 수 있다. 중앙은행은 통화량을 원하는 수준으로 유도하기 위해 상업은행으로부터 채권을 매입함으로서 본원통화의 공급을 늘리게 된다.
- 만일 중앙은행이 물가안정목표, 즉, 목표 인플레이션의 달성을 위해 통화량의 조절이 필요한 경우 중앙은행은 관계식 $M=m\cdot MB$에 기초하여 본원통화의 공급량을 조절한다.

  만일 통화승수가 감소할 것으로 추정되면 본원통화의 공급을 늘려서 통화량을 원하는 수준으로 유도할 수 있다. 만일 통화승수가 증가할 것으로 추정되면 본원통화의 공급을 줄여서 통화량을 원하는 수준으로 유도한다.

— 요약하면, 통화량 목표에 의한 통화정책은 아래와 같이 두 단계의 연결 관계(two step linkage) 분석을 통해 수행된다.

- 첫째는 통화량과 물가안정목표, 즉, 목표 인플레이션 사이의 연결 관계이다.
- 둘째는 본원통화와 통화량과의 연결 관계, 그리고 동시에 통화승수와 통화량과의 연결 관계이다.

2 이자율 목표에 의한 통화정책(Monetary Policy by Interest Rate Target)

— 이자율 목표와 인플레이션 목표(Interest Rate Target and Inflation Target)

- 현재, 대부분의 중앙은행들은 이자율을 중간목표로 한 통화정책을 수행하고 있다. 중앙은행들은 통화정책 판단의 기준이 되는 이자율(benchmark interest rate)을 일정한 범위 안에서 유지하려고 노력한다. 이 기준 이자율이 일정 범위내에서 유지된다면 이는 곧 시장 이자율이 중앙은행이 목표한 바대로 안정적임을 의미하기 때문이다.

- 이러한 이자율 목표 통화정책은 이자율의 안정성이 물가의 안정성과 매우 밀접하게 관련되어 있다는 믿음으로부터 나오게 되었다.

— 이자율 목표 통화정책의 수행(Implementation of Interest Rate Targeting Monetary Policy)

- 목표 이자율 수준 또는 범위의 기준금리 선정(Selecting the benchmark interest rate of a Target Interest Rate Level or Zone)

- 중앙은행은 통화정책 판단시 가장 중요하게 반영할 기준금리(benchmark interest rate)를 선정한다. 이 기준금리는 상업은행들의 단기 유동성 상황을 잘 보여주어야 한다. 만일 이 기준금리가 중앙은행의 목표 수준보다 높다면 이는 곧 시중 유동성이 중앙은행이 기대한 수준보다 부족하다는 것을 의미한다. 중앙은행은 상업은행들로부터 채권을 매입함으로써 본원통화 공급을 늘리게 된다. 만일 이 기준금리가 중앙은행의 목표 수준 아래로 내려간다면 이는 곧 시중 유동성이 중앙은행이 기대한 수준보다 과다하다는 것을 의미한다. 중앙은행은 상업은행들에게 채권을 매도함으로써 본원통화 공급을 줄이게 된다.
- 미 연준은 연방자금 이자율(federal funds rate, ff)을 통화정책 판단의 기준금리로 삼고 그 동향을 면밀하게 관찰한다. 여기서 연방자금 이자율은 연준의 회원은행들간에 자금을 차입 또는 대여할 때 서로 주고 받는 이자율이다. 연준 회원은행들은 연준에 대한 지급준비 의무를 이행해야 하는데 이 지급준비 의무의 이행과 관련하여 유동성이 부족한 은행은 여유있는 은행으로부터 유동성을 차입하고 이자를 지급한다. 따라서 연방자금 이자율은 연준 회원은행들의 유동성 상황을 실시각(real time)으로 보여주는 시장 이자율의 일종이다.

■ 미 연준의 목표이자율 설정 방식 : 미 연준은 연방자금 목표 이자율(federal funds target rate, FF_{target}) 설정 시 아래와 같이 테일러 룰(Taylor Rule)에 기초한다.

$$FF_{target} = \text{인플레이션} + \text{균형수준의 실질 연방자금 이자율(equilibrium real } FF\text{)} + 1/2(\text{인플레이션 갭, inflation gap}) + 1/2(\text{산출 갭, output gap})$$

- 첫째, 연준은 균형수준의 실질 연방자금 이자율(equilibrium real FF rate) 추정치와 인플레이션을 고려하여 사전적인 개념(ex ante concept)의 명목 연방자금 목표 이자율을 설정한다.

$$FF_{target} = \text{inflation} + \text{equilibrium real } FF$$

- 둘째, 만일 실제 경제가 장기균형 수준으로부터 괴리된 것으로 판단되면 경제를 다시 균형수준으로 유도하기 위해 연방자금 목표 이자율(이하 FF_{target})의 조정이 필요하다.

  만일 인플레이션이 목표수준보다 높아서 인플레이션 갭(인플레이션−목표 인플레이션)이 양(+)의 수치를 보이면 FF_{target}의 상향 조정이 필요하다.

  만일 인플레이션이 목표수준보다 낮아서 인플레이션 갭(인플레이션−목표 인플레이션)이 음(−)의 수치를 보이면 FF_{target}의 하향 조정이 필요하다.

- 양(+)의 계수 1/2의 의미 : 이제 테일러 룰(Taylor Rule)이 갖는 의미를 아래의 가정과 함께 살펴보자.

① 가정1 : 균형 수준의 실질 연방자금 이자율(quilibrium real FF) = 2%, ② 가정2 : 목표 인플레이션(target inflation) = 2%, ③ 가정3 : 산출 갭(output gap) = 1%

만일 인플레이션이 목표수준인 2%보다 높은 3%로 상승한다면 연준은 목표 이자율(FF_{target})을 어떻게 변경해야 하는가?

$$FF_{target,\,\pi=2\%} = \text{inflation}(2\%) + \text{equilibrium real } FF\ (2\%) + 1/2(\text{inflation gap, } 0\%) + 1/2(\text{output gap, } 1\%) = 4.5\%$$

$$FF_{target,\,\pi=3\%} = \text{inflation}(3\%) + \text{equilibrium real } FF\ (2\%) + 1/2(\text{inflation gap, } 1\%) + 1/2(\text{output gap, } 1\%) = 6.0\%$$

위의 식에서 두 경우의 연준 목표금리의 차이($FF_{target,\,\pi=3\%} - FF_{taget,\,\pi=2\%}$)는 6.0 − 4.5 = 1.5%p이다. 이는 곧 인플레이션이 목표 수준을 1%p 상회하면 연준은 인플레이션을 목표수준으로 낮추기 위해 목표금리를 명목금리 기준으로 1.5%p 올려야 한다는 것을 의미한다.

왜냐하면, 목표금리를 명목금리 기준으로 1.5%p 올려야 인플레이션 상승효과 1%p(2% → 3%)를 차감하고 실질 목표금리를 0.5%p 올림으로써 물가상승 압력을 억제할 수 있기 때문이다.

- 연준과 테일러 룰 : 테일러 룰은 통화정책 수행시 매우 중요한 지침이 된다. 그렇지만 연준이 자동적으로 테일러 룰을 따르면서 통화정책을 수행하는 것은 아니다

  그 이유는 아무리 훌륭한 경제정책 수립 모델이라도 완벽할 수 는 없으며 또한 아무리 훌륭한 경제 전문가라 할지라도 테일러 룰에서 사용되는 인플레이션 갭이나 산출갭을 완벽히 추정할 수 없기 때문이다.

3 통화량 목표 통화정책으로부터 이자율 목표 통화정책으로 변경(From Monetary Aggregate Target Monetary Policy to Interest Rate Target Monetary Policy)

— 과거에는 중앙은행들이 통화량을 목표로 하는 통화정책을 채택하였었다. 그러나 현재는 대부분의 중앙은행들이 이자율을 중간 목표로 통화정책을 운용하고 있다. 중앙은행들이 통화정책 운용방식을 통화량 목표제에서 이자율 목표제로 변경한 이유는 무엇일까?

■ 통화량 목표 통화정책 운용의 한계(Limitations of the monetary aggregate target monetary policy.)

- 연결고리 약화(Unclear linkage) : 통화량 목표 통화정책이 상정하는 두 단계의 연결고리가 점차 약해지고 있다.

  첫째, $MV=PY$로부터 도출되는 $\dot{M}=\dot{P}+\dot{Y}-\dot{V}$의 연결고리가 점점 명확하지 않다. 인플레이션과 GDP 자료를 얻는 데 무시할 수 없는 시차가 있고 또한 시차를 감수하고서도 완벽한 자료를 얻기가 어렵다.

  둘째, $MB \cdot m=M$의 관계 역시 점점 약해지고 있다. 통화승수의 구성요소들을 살펴보자. 특히 현금보유비율과 초과 지급준비율은 중앙은행이 의도하는 대로 영향을 미칠 수 없으며 경제 변수들 간의 상호작용에 의해 주로 결정되는 내생변수 성격이 강하다. 따라서 중앙은행이 이 변수들의 값을 정확히 측정하고 이를 바탕으로 경제상황을 판단하는 것이 점점 어려워지고 있다.

- 통화정책의 시차(Time lag of the monetary policy) : 중앙은행이 경제상황에 대한 판단을 바탕으로 통화정책을 수행하는 경우, 중앙은행의 통화정책이 효과를 보기까지는 상당한 시차가 있다. 또한 중앙은행이 통화정책의 효과를 느낄 때에는 경제상황이 이미 다른 양상으로 바뀌었을 수도 있다.

■ 이자율 목표 통화정책이 통화량 목표 통화정책에 비해 상대적으로 우수한 이유

- 실시각 관찰 가능(Real-time monitoring) : 중앙은행은 시장 이자율의 움직임을 실시각으로 관찰할 수 있다. 중앙은행은 모든 종류의 시장 이자율 동향을 실시각으로 점검할 수 있고 이를 바탕으로 이자율 정책 조치가 필요한지 여부를 즉각적으로 판단할 수 있다.

- 다양한 정책 수단(Various tools) : 중앙은행은 여러 다른 금융시장의 상황을 해당 금융시장 관련 이자율 분석을 통해 파악할 수 있다. 따라서 특정 부문이나 특정 채권시장에 특화해서 영향을 미칠 수 있도록 이자율 정책 수단을 정밀하게 강구할 수 있다.

■ 다양한 이자율 정책수단과 관련하여 두 가지 사례를 예를 들어 살펴보자.

- 첫 번째 사례는 미 연준의 오퍼레이션 트위스트(operation twist)이다.

  2008년의 글로벌 금융위기 이후 연준은 목표 이자율을 낮추고 시장 이자율이 이를 따라 내려가기를 기다렸다. 그러나 장기 이자율이 연준이 기대만큼 하락하지 않았다.

  연준은 장기 이자율의 추가적인 하락을 유도하기 위해 장기 채권을 매입하는 한편 이로 인해 증가하는 통화량

을 흡수하기 위해 단기 채권을 매도했다. 장기채권을 매입함으로써 증가시킨 본원통화 공급량을 단기 채권 매도를 통해 상쇄시키고 장기 금리의 하락을 얻은 것이다.

여기서 단기 채권의 매도로 인해 단기 금리의 상승이 우려될 수도 있었지만 그 상승 정도가 크지 않았다. 시장은 연준의 목표금리 인하 정책 기조를 이미 알고 있고 또한 연준의 단기 채권 매도의 목적이 장기 채권 매입에 따른 본원통화 증가효과를 중화시키려는 의도라는 점도 알기 때문이다.

- 두 번째 사례는 일본은행의 수익률 곡선 조정 정책(Yield Curve Control, YCC)이다.

소위 아베노믹스(Abenomics) 이후, 일본의 시장 이자율은 전반적으로 낮아져서 거의 0% 수준에 육박하게 되었다. 이에 따라 장단기 이자율 차이인 이자율 스프레드(interest rate spread, $i_{long\ term} - i_{short\ term}$)도 거의 0에 가까워졌다. 이자율 스프레드는 금융부문의 주요 수익원천으로서 이 스프레드가 0에 가깝다는 것은 일본 은행권의 생존에 위협이 된다는 의미이다. 일본은행은 이 스프레드를 넓히고 싶은데 장기 금리를 높이면 금리 인하를 통해 경기를 진작시키려는 아베노믹스와 배치되기 때문에 단기 금리를 더 낮추어야 했다. 따라서 단기 채권을 집중적으로 매입하여 단기 이자율을 더욱 아래로 끌어내리는 정책을 시도했다.

그러면 장기 이자율은 종전 수준을 유지하는 상황에서 단기 이자율이 더욱 더 내려가니까 수익률 곡선중 좌측의 단기이자율이 더욱 낮아져 장단기 이자율 차이가 확대되고 수익률 곡선의 모양이 좀더 가파른 양상으로 변한다. 이것이 수익률 곡선 조정 정책(Yield Curve Control, YCC)이다.

통화정책 운영체계

$$MB \cdot m = M, \quad m = \left(\frac{1+c}{rr+er+c}\right)$$

$$MV = PY, \quad \dot{M} = \dot{P} + \dot{Y} - \dot{V}$$

중앙은행 통화정책 수단	→	정책 수단	→	중간목표	→	최종목표
(전통적) • Open Market Operations • Discount Policy • Reserve Requirements • R/P (repurchasing) (비전통적) • QE(Quantatative Easing) • Forward Guidance • NIRP	→	• Reserves • Monetary Base • Reserve Requirements • Interest Rates (federal funds rate)	→	• Monetary Aggregates (M_1, M_2) • Interest Rates (ff_{target} rates)	→	• Price Stability • High Employment • Economic Growth • Financial Market Stability • Interest Rate Stability • Foreign Exchange Market Stability

e.g.)
- open market purchases $\rightarrow MB \uparrow \rightarrow M \uparrow \rightarrow \dot{P} \uparrow$
- open market sales $\rightarrow MB \downarrow \rightarrow M \downarrow \rightarrow \dot{P} \downarrow$

- $ff_{target} \downarrow \rightarrow ST_i \downarrow \rightarrow LT_i \downarrow \rightarrow \dot{P} \uparrow$
- $ff_{target} \uparrow \rightarrow ST_i \uparrow \rightarrow LT_i \uparrow \rightarrow \dot{P} \downarrow$

제 10 주 국제경제학 I

Macroeconomics

1 환율의 개념(Concept of Exchange Rate)

— **환율(exchange rate)은 외환시장(foreign exchange market, FX market) 에서 외환이 거래될 때 적용되는 가격이다. 외환시장은 서로 다른 통화들이 거래되는 시장이다. 따라서 환율은 서로 다른 통화들이 외환시장에서 거래될 때, 하나의 통화를 사고 다른 통화를 팔 때 두 통화가 교환되는 비율이다.**

- 외환시장은 또한 한 통화의 수요와 공급이 균형을 이루면서 한 통화의 가격이 결정되는 장소이다.

— **현물환 시장(Spot FX market)과 선물환 시장(Forward FX market)**

- 현물환 시장 : 현물환 시장은 외환의 매매거래 후 그 대금의 결제가 2영업일(t+2 business days) 이내에 이루어지는 시장이다. 따라서 외환의 매매거래 후 결제일은 거래일 당일, 거래 후 1영업일, 거래 후 2영업일의 3가지가 가능하다.
  - 시장 관행에 따라, 은행간 현물환 거래의 결제는 별도의 특약이 없는 한 거래 후 2영업일에 이루어진다.
  - 그러나 특별한 경우에는 은행간 현물환 거래대금의 결제

가 거래일 당일 또는 거래 후 1영업일에도 가능하다. 이 경우 결제가 시장의 관행에 비해 먼저 이루어지기 때문에 이를 결제의 선행으로 인식하고 그 앞선 기간에 해당하는 이자를 차감한 금액이 결제된다.

- 선물환 시장 : 선물환시장은 외환의 매매 거래 후 그 결제가 거래일로부터 2영업일이 경과한 후, 즉, 거래 후 3영업일부터 결제가 이루어지는 시장이다.
  - 선물환율은 현물환율에 결제가 지연됨에 따른 이자를 가산하여 결정된다. 이 이자가 스왑 포인트이다. 그러니까 선물환율은 현물환율 + 스왑 포인트[1]이다.

— 교차환율(Cross exchange rate)과 재정환율(Arbitrage exchange rate)

- 재정환율의 산출 : 재정환율은 2개의 다른 교차환율을 이용하여 산출된다.
  - 우리나라의 경우 원화와 일본 엔화가 직접 교환되는 외환시장이 없다. 그런데 일본과의 교역 등에서 원화와 엔

1) 스왑 포인트는 외환시장에서 현물환을 매입(매도)하고 그 반대방향으로 선물환을 매도(매입)하는 두 개의 거래를 하나로 묶어서 거래하는 외환스왑의 거래가격이다. 일반적으로 현물환율보다 선물환율이 나중에 거래하는 환율이기 때문에 현물환율에 이자 성격의 일종의 스프레드를 더해서 선물환율이 결정되는 구조이다. 따라서 스왑포인트는 선물환율-현물환율이 된다.

화의 환율은 필요하다. 이 경우 두 통화에 공통적으로 달러화를 개재시키면 원/달러 환율과 엔/달러 환율을 이용하여 원/엔 환율을 구할 수 있다.

(Won/Dollar)/(Yen/Dollar) → Won/Yen

- 앞에서 보듯이, 기존의 Won/Dollar 환율을 Yen/Dollar 환율로 나누어 Won/Yen 환율을 구할 수 있다. 여기서 Won/Dollar 환율과 Yen/Dollar 환율이 상호 교차되어 재정환율인 Won/Yen 환율이 구해지는 것이다. 따라서 재정환율을 구하기 위해 서로 교차시켜 사용되는 두 개의 환율이 교차환율이고 그로 인해 얻어지는 환율이 재정환율이다.

■ 재정환율의 왜곡 효과(distortion effect) : 재정환율은 때에 따라 외환시장을 왜곡하는 효과를 초래할 수 있다.

- 재정환율의 결정 메카니즘으로 (Won/Yen)=(Won/Dollar)/(Yen/Dollar)의 관계식을 이용하여 이 문제를 살펴보자. 만일 Yen/Dollar 환율이 상승하고 Won/Dollar 환율에 변동이 없다면 재정환율로 계산되는 Won/Yen 환율이 하락한다. 분자는 그대로인데 분모의 상승{(Yen/Dollar)↑}으로 재정환율의 값이 하락[{(Won/Dollar)/(Yen/Dollar)↑}↓]하기 때문이다.

  이는 곧 엔화가 예를 들어 아베노믹스에 의해 달러화에

대해 약세가 된 상태에서 원화의 가치는 달러화에 대해 변동이 없음으로 해서 원화의 가치가 엔화에 비해 상승하는 결과가 초래될 수 있음을 의미한다.

- 만일 원화와 엔화가 직접 거래되는 시장이 존재한다면 원화의 가치가 재정환율의 메카니즘에 의해 엔화에 비해 불필요하게 상승하는 현상은 없을 것이다.

— 명목환율, 실질환율, 명목실효환율, 실질실효환율 그리고 달러인덱스(Nominal, Real, Nominal Effective and Real Effective Exchange Rates and Dollar Index)

■ 명목환율(Nominal Exchange Rate, E) : 명목환율은 우리 일상생활에서 접하는 통상적인 환율이다. 우리가 일상생활에서 말하는 환율은 특별히 다른 조건이 없으면 명목환율을 의미한다.

- 명목환율은 아래와 같이 표시한다.

$$E = \text{Won/Dollar or Dollar/Euro}$$

- 미 달러화(달러)는 세계의 기축통화이다. 따라서 다른 나라 통화의 가치는 기축통화인 1달러를 얻기 위해 그 나라 통화를 몇 단위를 줘야 하는지로 표시된다. 통상 환율을 표시할 때 달러화가 분모에 위치하는 이유이다.

- 물론, 일부 예외적인 사례가 있다. 유로화와 영국의 파운

드화는 달러화에 대한 환율을 표시할 때에도 분모에 위치하며 달러화를 분자에 놓는다. 시장의 관행으로 이해된다.

- 실질 환율(Real Exchange Rate, RE) : 경제학에서 실질가치는 명목가치를 물가로 나눈 값이다. 실질환율도 명목환율을 물가로 나누어 구할 수 있다.
  - 실질환율은 아래와 같이 표시할 수 있다 :

$$RE = (\text{Won}/P_{Won})/(\text{Dollar}/P_{Dollar})$$

P_{Won} : 한국의 물가,
P_{Dollar} : 미국의 물가

- 실효환율(Effective Exchange Rate) : 환율은 한나라의 순수출(수출−수입)에 영향을 미치는 매우 중요한 요인이다. 이러한 관점에서 우리나라 주요 교역상대국 통화들과의 환율을 계산할 필요가 있다. 이 국가들의 통화가치 변화가 우리나라의 경상수지에 큰 영향을 미치기 때문이다.
  - 명목실효환율(nominal effective exchange rate)은 우리나라 주요 교역 상대국들의 명목환율을 기준으로 산출된다.
  - 실질실효환율(real effective exchange rate)은 우리나라 주요 교역 상대국들의 실질환율을 이용하여 산출된다.

■ 실효환율 지수(Effective Exchange Rate Index) : 일반적으로 환율을 나타낼 때, 달러화를 분모에 그리고 다른 통화들을 분자에 표시한다.(물론 유로화와 파운드화는 예외로 분자에 표시한다.) 따라서 어느 통화의 가치가 상승 또는 하락했는지를 분석하기 용이하도록 분석 대상 통화들을 분모에 위치시키면 이 값의 상승이 곧 분모에 위치한 분석 대상 통화의 가치상승을 의미하게 된다.

이제, 각 통화가치의 출발점을 100으로 가정하고 각 통화들의 가치가 상승했는지 또는 하락했는지를 이 지수를 통해 비교해 보자. 만일 이 지수값이 100보다 크면 이 통화의 가치는 기준시점에 비해 상승한 것이다. 만일 이 지수값이 100보다 작으면 이 통화의 가치는 기준시점 대비 하락한 것이다.

- 명목실효환율지수(nominal effective exchange rate index, NEERI)는 우리나라 주요 교역국가와의 명목환율과 우리나라와 이들 국가와의 교역가중치를 이용하여 산출한다.
- 실질실효환율지수(real effective exchange rate index, REERI)는 명목실효환율지수를 구매력평가지수(purchasing power parity index, PPI)로 나누어 산출한다.

$$NEERI = \frac{\Pi(ER_{it}/ER_{io})^{W_{it}}}{(KER_t/KER_o)} \times 100$$

$$= \Pi(WER_{it}/WER_{io})^{W_{it}} \times 100$$

$$REERI = \frac{NEERI}{PPI} \times 100$$

$$PPI = \frac{\Pi(FPI_{it}/FPI_{io})^{W_{it}}}{(KPI_t/KPI_o)} \times 100$$

$$= \Pi\frac{(FPI_{it}/KPI_t)^{W_{it}}}{(FPI_{io}/KPI_o)^{W_{it}}} \times 100$$

W_i: i 국가의 교역 가중치,
ER_i: i 국가 통화의 대미달러 환율,
KER: 원화의 대미달러 환율,
WER: i 국가 통화의 원화 대비 환율,
FPI_i: i 국가의 물가지수,
KPI: 한국의 물가지수,
아래첨자 t: 비교시점,
아래첨자 o: 기준시점

- 달러지수(Dollar Index) : 달러지수는 달러화의 가치를 미국의 주요 교역상대국 통화 대비로 나타내는 지수이다.
    - 달러지수 값은 주요 교역상대국 통화에 대한 달러의 가치를 가중치로 기하평균 한 값(weighted geometric mean)이다. 달러지수 산출에 사용되는 통화들의 가중치는 아래

와 같다 : 유로화 57.6%, 엔화 13.6%, 파운드화 11.9%, 캐나다 달러화 9.1%, 등...

- 달러지수는 1973년 3월 수치를 100으로 시작하였으며 이 지수가 상승하면 달러화 가치가 기준시점 대비 상승, 즉, 기준시점보다 달러가 강세임을 의미한다.

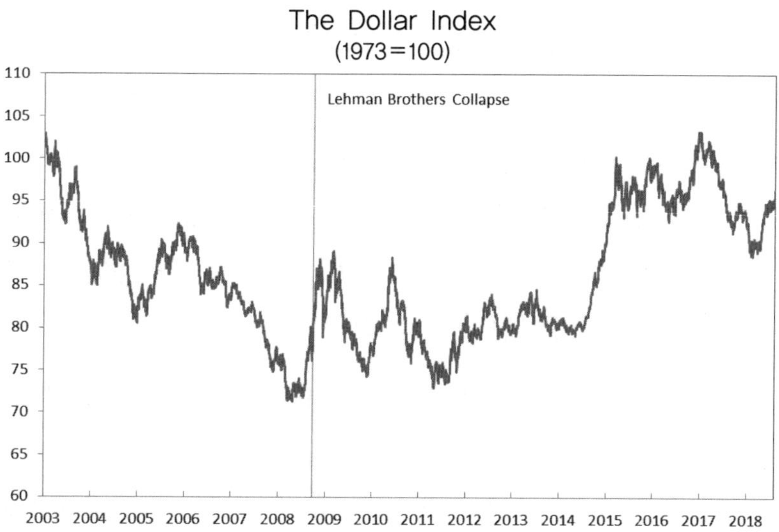

2 환율의 변동에 따른 통화가치 평가 (Evaluation of the Exchange Rate)

— 변동환율제도(free floating exchange rate regime) 하에서의 환율 변동 : 통화가치 하락(depreciation), 통화가치 상승(appreciation)

- 통화가치 하락(depreciation) : 통화가치 하락은 한 나라 통화의 가치가 시장의 수요와 공급에 의해 하락하는 것을 말한다. 외환시장에서 한 나라 통화의 수요에 비해 공급이 상대적으로 더 증가하면 이 통화의 가치가 하락한다. 경제학의 기본원리인 수요와 공급의 법칙에 따른 당연한 결과이다.
  - 원/달러 환율에서, 원/달러 환율의 상승은 1달러를 얻기 위해 더 많은 원화가 필요함을 의미한다. 이는 곧, 원화 가치의 하락(depreciation)과 달러화 가치의 상승(appreciation)을 의미한다.
- 통화가치 상승(appreciation) : 통화가치 상승은 한 나라 통화의 가치가 시장의 수요와 공급에 의해 상승하는 것을 말한다. 외환시장에서 한 나라 통화의 수요가 공급에 비해 상대적으로 더 증가하면 이 통화의 가치가 상승한다. 이 또한 경제학의 기본원리인 수요와 공급

의 법칙에 따른 당연한 결과이다.

- 원/달러 환율에서, 원/달러 환율의 하락은 1달러를 얻기 위해 더 적은 원화가 필요함을 의미한다. 이는 곧, 원화 가치의 상승(appreciation)과 달러화 가치의 하락(depreciation)을 의미한다.

— 고정환율제도(fixed exchange rate regime) 하에서의 환율 변동 : 평가 절하(devaluation)과 평가 절상(revaluation)

- 평가절하(devaluation) : 평가절하는 외환당국(정부, 또는 중앙은행)의 의도적이고 인위적인 조치에 의해 한 나라 통화의 가치가 하락하는 것을 의미한다. 외환당국이 자국통화의 가치를 떨어뜨리기 위해 자국통화와 달러화 사이의 고정환율을 상향조정하여 발표한다.

- 평가절상(revaluation) : 평가절상은 외환당국(정부, 또는 중앙은행)의 의도적이고 인위적인 조치에 의해 한 나라 통화의 가치가 상승하는 것을 의미한다. 외환당국이 자국통화의 가치를 올리기 위해 자국통화와 달러화 사이의 고정환율을 하향조정하여 발표한다.

— 환율 수준의 평가 예시

■ 명목환율

- 만일 명목환율인 원/달러 환율이 상승하면 1달러를 매입하기 위해 전에 비해 더 많은 원화를 지불해야 한다. 이는 곧 달러화의 명목가치 상승과 원화의 명목가치 하락을 의미한다.
- 만일 명목환율인 원/달러 환율이 하락하면 1달러를 매입하기 위해 전에 비해 더 적은 원화를 지불하게 된다. 이는 곧 달러화의 명목가치 하락과 원화의 명목가치 상승을 의미한다.

■ 실질환율

- 만일 원화의 미달러화에 대한 실질환율, 즉, $\{(\text{Won}/P_{Won})/(\text{Dollar}/P_{Dollar})\}$이 상승하면 이는 달러화의 실질가치 상승과 원화의 실질가치 하락을 의미한다.
- 만일 원화의 미달러화에 대한 실질환율, 즉, $\{(\text{Won}/P_{Won})/(\text{Dollar}/P_{Dollar})\}$이 하락하면 이는 달러화의 실질가치 하락과 원화의 실질가치 상승을 의미한다.

■ 명목환율과 실질환율의 동시 관찰

- 원화의 미달러화에 대한 실질환율은 아래와 같이 표시된다.

$$RE = \{(\text{Won}/P_{Won})/(\text{Dollar}/P_{Dollar})\}$$

$$= \{(\text{Won}/\text{Dollar})/(P_{Won}/P_{Dollar})\}$$

$$RE = E/(P_{Won}/P_{Dollar}) = E \cdot (P_{Dollar}/P_{Won})$$

$$\dot{RE} = \{E \cdot (\dot{P_{Dollar}}/P_{Won})\}$$

$$\dot{RE} = \dot{E} + \dot{P_{Dollar}} - \dot{P_{Won}}$$

■ 예시 1

- 만일 원/달러의 명목환율이 2% 상승하고 미국의 인플레이션이 3%이며 한국의 인플레이션이 5%이면, 즉, 한국의 인플레이션이 미국의 인플레이션에 비해 2%p 높을 때 원/달러의 명목환율이 2% 상승하면 어떤 결과가 초래될까?

  이 경우는 한국의 인플레이션이 미국의 인플레이션에 비해 2%p 높은 만큼 원화의 명목가치가 달러화에 비해 하락하였다.

  따라서 양국의 통화는 서로 다른 인플레이션 발생 후에도 동일한 구매력을 보유하게 되고 상대적 구매력평가[2)]

---

2) 구매력평가(purchasing power parity)에는 두 가지가 있다. 하나는 절대적 구매력평가이고 다른 하나는 상대적 구매력평가이다. 절대적 구매력평가(absolute purchasing power parity)는 한 시점에서 양국 통화의 구매력이 같으려면 일물일가의 법칙을 감안할 때, 물가가 높은 국가통화의 환율이 그만큼 높아야 한다는 것이다. 예를 들어 동일 재화 A의 한국가격이 1,000원이고 미국 가격이 1달러이면, 일물일가의 법칙에 의해 동일재화의 가격을 나타내는 1000원과 1달러는 같은 가치를 나타낸다. 따라서 양국 통화의 교환비율인 명목환율은 1달러는 1,000원이어야 한다. 즉, 원/달러 환율은 1,000

가 성립한다(The relative purchasing power parity holds).

- 한국과 미국이 동질의 제품 A를 생산한다고 가정하고, 수치를 사용하여 구체적인 예를 들어 보자.

t년도(Y_t)에, 원/달러의 명목환율(Won/Dollar)이 1,000이다. 재화 A의 한국가격이 1,000Won($P_{A,\,Korea} = 1{,}000\,\text{Won}$), 재화 A의 미국가격이 1 Dollar($P_{A,\,USA} = 1\,\text{Dollar}$)이다.

$$E = 1{,}000,$$
$$P_{A,\,Korea} = 1{,}000 \ \text{Won},$$
$$P_{A.\,USA} = 1 \ \text{Dollar}$$

$t+1$년도(Y_{t+1})에, 원/달러의 명목환율(Won/Dollar)이 1,020 (E=1,020), 재화 A의 한국가격이 1,050Won($P_{A,\,Korea} = 1{,}050$ Won), 재화 A의 미국가격이 1.03Dollar($P_{A,\,USA} = 1.03\,\text{Dollar}$)이다.

$$E = 1{,}020,$$

일 때 절대적 구매력평가가 성립한다.
상대적 구매력평가(relative purchasing power parity)는 일정기간 경과 후 양국의 인플레이션이 서로 다를 때, 양국 통화의 구매력이 같으려면 일물일가의 법칙에 의해 물가가 많이 상승한 국가 통화의 명목환율이 그만큼 높아져야 한다는 것이다. 예를 들어 동일 재화 A의 한국가격이 1,000원이고 미국가격이 1달러이었으나 1년간 한국의 물가가 미국에 비해 2%p만큼 더 상승하면 한국의 명목거래 결제금액이 2%만큼 더 증가하기 때문에 한국의 통화량이 2%만큼 더 증가해야 한다. 이로 인해 한국의 명목환율이 2% 상승하면 동일한 양의 재화가 결제될 수 있고 두 시점의 물가차이를 반영한 상대적 구매력평가가 성립하는 것이다.

$$P_{A,\,Korea} = 1{,}050\ \text{Won},$$
$$P_{A.\,USA} = 1.03\ \text{Dollar}$$

재화 A의 한국가격을 미 달러 기준으로 전환하면 $P_{A,\,Korea}$ =1,050Won=1,050/1,020=1.0294Dollar ≒ 1.03 Dollar로서 미국의 가격과 일치한다. 따라서 상대적 구매력평가가 성립하고 재화 A의 한국 가격은 미국 가격과 동일하다.

■ 예시 2

- 만일 원/달러 명목환율이 5% 상승하고 미국의 인플레이션이 3%이며 한국의 인플레이션이 5%이면, 즉, 한국의 인플레이션이 미국에 비해 2%p 높을 때 원/달러 명목환율이 5% 상승하면 어떤 결과가 초래될까?

이 경우는 원/달러 명목환율의 상승폭 5%가 한국과 미국의 인플레이션 차이 2%p보다 3%p 크다. 상대적 구매력평가가 성립하는 조건은 원/달러 명목환율이 양국의 인플레이션 차이 2%만큼 상승하는 것이다. 그런데 실제로 원/달러 명목환율은 양국의 인플레이션 차이 2%보다 3%p 더 크게 5% 상승하였다. 따라서 원/달러 실질환율이 3% 상승했다. 달러화의 실질가치가 3% 높아졌고 원화의 실질가치가 3% 낮아진 것이다.

- 한국과 미국이 동질의 제품 A를 생산한다고 가정하고, 수치를 사용하여 구체적인 예를 들어 보자.

  t 년도(Y_t)에, 원/달러의 명목환율(Won/Dollar)이 1,000이다. 재화 A의 한국가격이 1,000Won($P_{A, Korea}=$1,000Won), 재화 A의 미국가격이 1 Dollar($P_{A, USA}=$1Dollar)이다.

  $$E=1,000,$$
  $$P_{A, Korea}=1,000 \text{ Won},$$
  $$P_{A. USA}=1 \text{ Dollar}$$

  $t+1$ 년도(Y_{t+1})에, 원/달러의 명목환율(Won/Dollar)이 1,050($E=$1,050), 재화 A의 한국가격이 1,050Won($P_{A, Korea}$ =1,050Won), 재화 A의 미국가격이 1.03 Dollar($P_{A, USA}=$ 1.03Dollar)이다.

  $$E=1,050,$$
  $$P_{A, Korea}=1,050 \text{ Won},$$
  $$P_{A. USA}=1.03 \text{ Dollar}$$

  재화 A의 한국가격을 미 달러 기준으로 전환하면 $P_{A, Korea}$=1,050Won=1,050/1,050=1.00Dollar이다. 재화 A의 한국가격 1.00달러가 재화 A의 미국가격 1.03달러에 비해 3% 저렴해졌다. 원/달러의 실질환율이 3% 상승함으로써 원화의 실질가치가 3% 하락하고 이는 곧, 달러화의 실질가치가 3% 상승한 것을 의미하며 한국재화의 가격경쟁력이 3% 높아진 것을 의미한다.

■ 예시 3

- 만일 원/달러 명목환율이 1% 상승하고(명목환율 1% 가치 절하) 미국의 인플레이션이 3%이며 한국의 인플레이션이 5%이면, 즉, 한국의 인플레이션이 미국에 비해 2%p 높은데 원/달러 명목환율이 1% 상승하는 데 그친다면 어떤 결과가 초래될까?

  이 경우는 원/달러 명목환율의 상승폭 1%가 한국과 미국의 인플레이션 차이 2%p보다 1%p 작다. 상대적 구매력평가가 성립하는 조건은 원/달러 명목환율이 양국의 인플레이션 차이 2%만큼 상승하는 것이다. 그런데 실제로 원/달러 명목환율은 양국의 인플레이션 차이 2%보다 1%p 더 작게 1% 상승하였다. 따라서 원/달러 실질환율이 1% 하락했다. 달러화의 실질가치가 1% 낮아졌고 원화의 실질가치가 1% 높아진 것이다.

- 한국과 미국이 동질의 제품 A를 생산한다고 가정하고, 수치를 사용하여 구체적인 예를 들어 보자.

  t년도(Y_t)에, 원/달러의 명목환율(Won/Dollar)이 1,000이다. 재화 A의 한국가격이 1,000Won($P_{A,\,Korea}$=1,000Won), 재화 A의 미국가격이 1 Dollar($P_{A,\,USA}$=1Dollar)이다.

$$E = 1{,}000,$$
$$P_{A,\,Korea} = 1{,}000 \text{ Won},$$
$$P_{A.\,USA} = 1 \text{ Dollar}$$

$t+1$ 년도(Y_{t+1})에, 원/달러의 명목환율(Won/Dollar)이 1,010($E=1{,}010$), 재화 A의 한국가격이 1,050Won($P_{A,\,Korea}=1{,}050$Won), 재화 A의 미국가격이 1.03 Dollar($P_{A,\,USA}=1.03$Dollar)이다.

$$E=1{,}010,$$
$$P_{A,\,Korea}=1{,}050\ \text{Won},$$
$$P_{A,\,USA}=1.03\ \text{Dollar}$$

재화 A의 한국가격을 미 달러 기준으로 전환하면 $P_{A,\,Korea}=1{,}050\text{Won}=1{,}050/1{,}010=1.04\text{Dollar}$이다. 재화 A의 한국가격 1.04달러가 재화 A의 미국가격 1.03달러에 비해 1% 비싸졌다. 원/달러의 실질환율이 1% 하락함으로써 원화의 실질가치가 1% 상승하고 이는 곧, 달러화의 실질가치가 1% 하락한 것을 의미하며 한국재화의 가격경쟁력이 1% 낮아진 것을 의미한다.

- 시사점 : 여기서 우리는 원/달러 명목환율이 절하되더라도 양국의 물가수준을 감안한 원/달러 실질환율은 절상될 수 있음[3)]을 보았다.

따라서 환율자료를 가지고 한 나라 경제의 수출경쟁력 등을 분석할 경우 명목환율이 절하되었다고 해서 항상 그 나라 수출경쟁력이 개선되었음을 의미하지는 않는다

3) 원/달러 명목환율의 절하는 원화의 가치가 하락한 것을 의미하고, 원/달러 실질환율의 절하는 우리나라 상품의 가격이 하락한 것을 의미한다.

는 것을 유념해야 한다. 데이터의 습득이 가능한 한 실질환율을 이용한 분석을 함께 할 필요가 있다.

명목실효환율지수와 실질실효환율지수도 이 지수가 상승할 경우 분모에 있는 통화의 가치가 상승했음을 의미하지만 역시 물가상승률의 차이에 따라 명목실효환율지수와 실질실효환율지수가 다른 방향의 시그널을 줄 수 있음에 유의해야 한다.

3 환율의 결정 요인(Determinants of the Exchange Rate)

$$E=f(M, \pi, Y, i-i^{*}, CA, KA, \cdots)$$

— 통화공급과 인플레이션

- 만일 한 나라의 통화공급이 증가하면 이 나라의 물가수준이 상승한다. 따라서 인플레이션 만큼 이 나라 통화의 구매력이 하락한다. 이는 곧 이 나라 통화의 명목환율이 상승하는 가치하락(depreciation)을 의미한다.
  - 만일 명목환율의 상승(가치하락, depreciation) 폭이 인플레이션 폭보다 작으면 이 나라 통화가치는 실질환율 기준으로 상승(appreciation)하게 됨을 앞에서 살펴보았다.

— GDP data (제 1주 참조)

— 이자율 차이(Interest rate differential) : 만일 한 나라의 이자율이 상승할 때 다른 나라들의 이자율이 종전 수준을 유지하면, 이자율 차이(국내 이자율 i − 해외 이자율 i^*)가 확대된다. 이러한 이자율 차이의 확대 효과는 채권시장 경로와 주식시장 경로의 양면으로 살펴야 한다.

- 채권시장 경로 : 채권시장에서, 이자율의 상승은 두 가지 다른 효과를 가져 온다. 첫째는 채권이 새로 발행될 때 상승한 이자율을 반영할 것이므로 기존의 채권에 비해 이자수입(coupon interest income)이 증가한다. 둘째는 기존에 발행된 채권의 경우 발행금리보다 앞으로의 시장금리가 높아질 것이므로 이들 채권 보유자들은 잠재적으로 자본손실의 가능성(potential capital loss possibility)을 갖게 된다. 따라서 채권투자 전략은 향후 이자율의 상승 가능성이 1회에 그칠 것으로 예상되는 경우와 수차례 인상이 예상되는 경우 달라야 할 것이다.
  - 이자율 1회 상승 예상 : 이자율이 당분간 1회 상승에 그칠 것으로 예상되는 경우에는, 새로 발행되는 채권이 이자율 상승을 반영하여 기존의 채권보다 높은 이자를 지급할 것이다. 또한 당분간 추가적인 금리 상승이 예상되지

않으므로 이 채권을 매입할 경우 자본손실의 가능성을 우려할 필요가 없다. 따라서 이 채권에 대한 수요 증가로 인해 채권시장으로의 자본유입이 예상된다. 이는 곧 우리나라 채권의 매입을 위한 외화유입의 증가를 의미하고 이에 따른 외화 공급의 증가는 원화가치의 상승, 즉, 원/달러 환율 하락 요인이다.

- 이자율 수차례 상승 예상 : 이자율이 어느 기간 동안 수차례 상승할 것으로 예상되는 경우에는 다음의 두 가지를 함께 고려해야 한다. 첫째는 새로이 발행되는 채권의 이자수입이 종전의 채권에 비해 많아지는 긍정적인 측면이다. 둘째는 이 채권들이 향후 추가적으로 이자율이 상승할 경우 자본손실의 가능성을 갖고 있다는 부정적인 측면이다.

  따라서 이 경우 채권투자자들은 이자수입이 증가하는 긍정적인 측면과 자본손실의 가능성이 갖는 부정적인 측면을 모두 고려하여 어느 효과가 클 것인지를 잘 살펴야 할 것이다.

- 주식시장 경로 : 주식시장에서는 이자율의 상승이 두 가지 다른 신호로 해석될 수 있다. 첫째는 이자율의 상승으로 기업의 향후 자금조달 비용이 상승하는 부정적인 효과이다. 둘째는 이자율의 상승이 이 나라 경제에 대한 긍정적인 신호로 해석될 수 있다는 것이다.

- 이자율의 상승하면 기업들의 향후 차입비용이 증가한다. 이는 곧 기업 투자의 감소요인이고 경제성장의 둔화요인이다. 이에 따라 외국인이 국내 주식투자를 줄이면 그 회수자금을 달러화로 바꾸어 나갈 것이고(역송금, repatriation), 원/달러 환율은 상승할 것이다.

- 그러나 외국인들이 우리나라 이자율의 상승을 우리 경제에 대한 긍정적인 신호로 해석하면 오히려 우리나라 주식의 매입을 늘릴 것이고 이에 따른 외화 유입으로 원/달러 환율은 하락할 수 있다.

  이러한 상황은 특히 중앙은행(한국은행)이 통화긴축을 위해 기준금리(미 연준의 FF_{taget}에 상응)를 인상하는 경우, 외국인들이 이를 중앙은행이 자국 경제회복에 대한 확신을 기초로 통화긴축 조치를 했다고 판단하는 경우 가능하다.

  이 경우 외국인들은 우리나라 경제가 회복할 것이라는 기대를 갖게 되고 이를 바탕으로 우리나라 주식을 매입할 것이다. 이에 따른 외화유입은 우리나라 통화의 가치를 상승시키게 된다.

■ 이자율 차이와 자본유입 관련 통계검증(empirical test)의 한계

- 내외금리차의 확대는 자국통화 가치의 상승, 즉 원화절상을 초래할 수 있다. 그러나 경우에 따라 통계검증 결과

인과관계를 설명할 수 없는 경우도 발생한다. 왜 그럴까? 대표적인 이유로서 채권시장과 주식시장에서 반대방향으로 자본유출입이 발생하여 환율에 상호 반대방향으로 영향을 미치는 경우를 들 수 있다.

내외금리차가 확대될 경우 우리나라 채권의 높아진 이자수익을 기대하고 채권시장에 외화자본이 유입될 수 있다. 물론 자본손실의 기대가 크지 않은 경우이다. 이러한 자본유입은 원화가치의 상승요인이다. 그러나 내외금리차의 확대가 기업의 차입비용 증가로 우리나라 주식시장에 부정적으로 영향을 미칠 수도 있다. 이 경우에는 우리나라 주식시장으로부터 자본의 유출이 발생할 수 있다. 만일 우리나라 채권시장과 주식시장에서 이와 같이 상반되는 현상이 발생하는 경우에는 두 상반되는 힘이 상쇄된 후의 환율 동향이 통계적으로 의미있는 결과를 보여주지 못할 수도 있다.

위와 같은 현상은 우리가 환율을 분석할 때 내외금리차가 각각 채권시장과 주식시장에 서로 반대 방향으로 미치는 영향을 분리해낼 수 없기 때문에 발생한다.

— **경상수지와 자본수지(Current Account and Capital Account) : 경상수지와 자본수지를 통한 외화의 유입 증가는 우리나라 외환시장에서 외화의 공급과 원화의 수요**

증가를 통해 원화가치의 상승, 즉 원/달러 환율의 하락을 초래한다.

- 경상수지는 주로 수출과 수입의 차이, 즉 순수출(수출−수입)에 의해 발생한다.
  - 한 나라의 순수출이 증가하면 경상수지 흑자가 확대되고 외화(달러)의 유입이 증가한다. 유입된 달러는 상당부분 원화로 환전되는 과정에서 달러의 매도와 원화의 매수가 발생하여 달러화 약세와 원화 강세가 유발된다.

- 자본수지는 외국인의 자본투자(foreign capital investment)에 따른 외화유입에 주로 기인한다.
  - 첫째 유형은 외국인이 우리나라 기업에 투자해서 제품을 생산하고 이들 기업의 경영에 참여하기 위한 투자이다. 이런 투자를 외국인 직접투자(foreign direct investment, FDI)라고 한다. FDI는 기업에 대한 투자이고 또한 장기적 투자이다. 따라서 FDI는 단기적으로 변동성이 크지 않다.
  - 둘째 유형은 채권이나 주식을 매입하기 위한 증권투자(portfolio investment)이다. 투자한 채권이나 주식에서 목표 수익을 얻으면 투자를 회수하고 돌아갈 수 있다. 따라서 증권투자는 FDI에 비해 단기적으로 변동성이 크다.
  - 어쨌든 FDI나 증권투자를 통한 외화자본의 유입은 자국

통화의 가치를 상승시키고 이들 자본의 유출은 자국통화의 가치를 하락시킨다. 반면에 외국인이 증권투자자금을 회수하여 본국으로 다시 보내는 역송금(逆送金, repatriation)의 경우 송금을 위한 달러화 매입 수요 증가로 달러화 가치가 상승한다.(달러화 강세, appreciation)

■ 경상수지 적자는 항상 자동적으로 자본수지 흑자로 보전되는가?

- 만일 한 나라의 경상수지 적자규모가 심각하지 않으면, 이 나라는 외화를 차입하여 자본수지의 흑자 유입을 통해 경상수지 적자를 메울 수 있다.
- 그러나 한 나라의 경상수지 적자가 심각한 수준이고 이 심각한 수준이 지속된다면, 이 나라는 외화를 쉽게 차입할 수 없다. 이 나라의 신뢰도가 떨어질 것이고 이 나라의 해외 차입은 점점 어려워질 것이다.

이 경우, 경상수지 적자를 지급하기 위해 최종적으로는 이 나라의 외환보유액이 사용되어야 한다. 만일 외환보유액이 충분하지 않으면 이 나라는 외환보유액으로도 경상수지 적자를 지급할 수 없는 상황에 처하게 된다. 이때는 국가의 지급불능 사태를 막기 위해 국제통화기금(International Monetary Fund, IMF)에 긴급 유동성 지원을 요청하게 된다. IMF로부터 유동성을 지원받게 되면 유동성을 지원해 준 대출자로서의 IMF의 정책권고를 받아들여야 한다. 결국 이 나라는 경제정책을 IMF의 감독하에 수행해야 하고 사실상 경제주권을 상실하는 것과 마찬가지의 상황이 된다.

— 환율에 영향을 미치는 정치적 요인들

- 지정학적 긴장(Geopolitical tension) : 지정학적 긴장이 고조되면, 시장참가자들은 보다 보수적인 투자 자세를 보이며 안전자산을 선호하게 된다. 외환시장에서는 달러화가 기축통화로서 대표적인 안전자산이므로 달러화에 대한 수요가 증가하고 달러화는 강세를 보인다.

- 국제정치적 합의(International political accord) : 소위 주요 5개국(so called group of 5, G5) 재무장관들이 1985년 미국 뉴욕의 플라자 호텔에서 독일 마르크화와 일본 엔화의 가치를 절상시키기로 합의하였다 이것이 바로 플라자 합의(so called the Plaza Accord)이다.
  - 만일 앞으로 이와 유사한 국제정치적 합의가 있다면, 이러한 합의는 외환시장에서 해당 통화 환율의 중장기적 추세에 영향을 미칠 것이다.

자료: 한국은행

— 안전통화 논쟁(Debate over Safe Currency)

■ 안전통화의 개념 : 안전통화란 국제금융시장의 위험이 증가될 때 수요 증가로 인해 그 통화의 가치가 상승하는 통화를 말한다. 안전통화로 자주 거론되는 통화로는 미 달러화와 일본 엔화가 대표적이다.

- 달러화는 세계의 기축통화로서 가장 대표적인 안전통화이다. 제2차 세계대전 이후 달러화는 세계의 기축통화 기능을 수행하고 있고 금값 또한 달러화 기준으로 표시되고 있다. 금값을 다른 통화로 표시할 때에는 일단 달러화

표시 금값을 확인한 후 달러화와 이들 통화와의 환율을 이용하여 이를 다시 다른 통화표시로 전환한다.

- 엔화도 안전통화이며 시장참가자들이 위험 회피적이 될 때 엔화가 강세를 보인다. 그러나 엔화의 안전통화 성격은 달러화와 다르며 그것은 엔화의 캐리 통화(carry trade currency) 성격으로부터 나온다.

일본은 디플레이션 상황하에서 저금리가 오래 지속되었고 엔화는 캐리 통화로 사용되었다. 일본의 이자율이 낮고 일본 경제의 디플레이션으로 엔화 강세 가능성도 크지 않은 상황에서 투자자들은 일본보다 성장 가능성이 높은 나라의 자산에 눈을 돌렸다. 일본에서 저금리로 엔화를 차입하고 이 엔화를 성장 가능성이 높은 나라, 예를 들어 호주의 국채 등 자산에 투자하는 것이다.

이 경우 예상대로 호주의 성장이 호조를 보이면 호주에서의 운용금리가 일본에서의 차입금리보다 높기 때문에 이자차익을 얻는다. 또한 호주의 경제 성장이 호조를 보임에 따라 호주 달러화가 강세를 보여 환차익까지 얻게 된다. 이것을 캐리 트레이드라고 한다.

그런데 만일 세계 경제 성장세가 부진하고 글로벌 금융시장의 위험이 증가하면 호주 같은 국가들의 성장호조 기대가 약화된다. 이 경우 앞에 설명한 캐리 트레이드의 반대 방향으로 거래가 일어난다. 호주자산을 팔고 엔화 차입금을 상환하게 되며 외환시장에서는 호주 달러를 매도하고 일본 엔화를 매입하게 되므로 엔화가 강세를 보인다. 이를 시장에서는 엔캐리 트레이드 청산(unwinding of Yen carry trade)이라 한다.

글로벌 금융시장의 위험회피 성향이 증가할 때, 엔 캐리 청산이 대량으로 발생하면 엔화의 강세가 큰 폭으로 일어나고 경우에 따라서는 달러화 강세 폭보다 클 때도 있다.

■ 엔화의 강세 폭이 달러화 강세 폭보다 큰 것만 가지고 엔화가 달러화보다 안전통화라고 할 수 있는가?

- 엔화의 강세 폭이 달러화 강세 폭보다 클 때, 그 원인이 딜러들이 달러화를 팔고 엔화를 매입한 데서 기인한다면 엔화가 달러화보다 안전자산이라 말할 수 있을 것이다.
- 그러나 엔화의 강세 폭이 달러화 강세 폭보다 클 때, 그 원인이 엔캐리 청산에 의한 것이라면 엔화가 달러화보다 안전자산이라고 말할 수 없다는 것이 필자의 견해이다.

제 11 주 국제경제학 II

Macroeconomics

4 환율제도(Exchange Rate Regime)

— 개념 : 환율제도란 환율의 관리유형을 말한다. 즉, 환율이 외환당국에 의해 결정되는 고정환율제도와 환율이 외환시장의 수요와 공급에 의해 변동하면서 결정되는 변동환율제도가 대표적이다. 각국은 고정환율제도와 변동환율제도 가운데 자국의 경제 여건에 적합한 환율제도를 채택해 사용하고 있다.

- 고정환율제도(Fixed exchange rate regime) : 고정환율제도를 채택하면 자국통화의 가치가 다른 통화의 가치에 고정(peg)된다. 따라서 환율이 고정된 통화 기준으로 표시된다.
  - 예를 들면, 홍콩 달러(Hong Kong Dollar, HK$) 가치는 미달러에 고정되어 있고 거래도 달러에 대해 HK$7.75~HK$7.85의 좁은 범위에서 이루어진다.

- 자유변동환율제도(Free-floating exchange rate regime) : 자유변동환율제도에서는 자국통화의 가치가 시장에서의 수요와 공급에 의해 거래 상대통화에 대해 자유롭게 변동한다.

■ 관리변동환율제도(Managed floating exchange rate regime, Dirty floating exchange rate regime) : 한 나라가 변동환율제도를 채택한 상황에서, 외환당국이 외환시장에서 외화를 매수 또는 매도하는 개입(intervention)을 함으로써 자국통화의 환율에 영향을 미칠 수 있다. 이 경우 환율제도를 관리변동환율제도라고 부른다.

환율 제도별 채택 국가

구분		채택 국가
[Hard pegs]	No separate legal tenders, Currency boards	25 (Hong Kong SAR, Ecuador, etc.)
[Soft pegs]	Conventional pegs, Crawling pegs, Bands	76 (China, Vietnam, Czech Rep., etc.)
[Floating]	Free-floating, Floating	71 (EMU, Australia, Korea, Indonesia, etc.)

주: 1) 2016년 12월
자료: IMF(2016)

— 투기적 공격에의 취약성 : 어느 유형의 환율제도가 투기적 공격에 더 취약한가?

■ 고정환율제도 : 고정환율제도를 채택하면, 한 나라 통화의 가치가 좁은 범위내에서 유지되어야 한다.

• 따라서 만일 이 통화의 가치를 떨어뜨리려는 투기적 공

격이 있으면, 외환당국이 달러를 팔고 자국통화를 매입함으로써 자국통화의 환율을 공표된 고정환율 수준에서 유지해야 한다.

- 외환당국이 자국통화의 가치를 방어하기 위해 외환시장에서 달러를 매도하면 외환보유액이 줄어든다. 만일 투기적 공격이 계속되면 이에 대응하여 자국통화의 가치를 방어하기 위해 외환보유액의 달러를 계속 매도해야 한다. 외환보유액의 규모가 무한하지 않기 때문에 이는 지속 불가능하다. 어느 순간 외환보유액은 소진될 것이고 외환당국은 더 이상 자국통화 가치의 방어를 위해 외환보유액의 달러를 팔 수 없게 된다.
- 따라서 고정환율제도는 제한적인 외환보유액 규모를 감안할 때 투기적 공격에 취약하다는 결론에 도달한다.

■ 자유변동환율제도 : 자유변동환율제도에서는 한 나라 통화의 가치가 다른 나라 통화에 대해 자유롭게 변동한다.

- 따라서 만일 이 나라 통화의 가치를 떨어뜨리려는 투기적 공격이 있을 때, 외환당국은 자국통화의 가치를 유지하기 위해 외환시장에서 달러를 팔고 자국통화를 사들일 필요가 없다. 환율이 시장에서 수요와 공급에 의해 오르고 내리는 상황을 잘 관찰하고 만일의 경우에 대비만 하면 된다.

• 왜냐하면, 자유변동환율제도에서는 투기자 자신도 환리스크를 부담하기 때문이다. 이 나라 통화의 가치가 투기공격에 의해 투기자들이 원하는 방향으로 하락했다고 가정하자. 그 순간 이 나라 통화가치는 다시 상승할 수도 있고 또한 다시 하락할 수도 있다. 양 방향의 가능성에 항상 열려 있는 것이다.

만일 이 나라 통화의 가치가 예를 들어, 투기적 공격에 의해 10% 하락한 후 예기치 못한 요인으로 인해 반전되어 15% 상승한다면 투기자들은 투기적 공격에 의해 5%의 환차손을 입게 된다. 따라서 변동환율제도는 환율의 변동을 수용하기 때문에 투기적 공격에 취약한 듯 보이지만, 반면에 그렇기 때문에 투기자들이 투기적 공격에 따른 환차손의 가능성으로 인해 환투기를 함부로 하지 못하는 환율제도이다.

— 삼위일체 불가능성(Impossible Trinity)

■ 개념 : 삼위일체 불가능성(impossible trinity)은 한 나라가 아래의 세 가지 정책을 동시에 추구할 수 없다는 것이다 : ① 자유로운 자본 이동(free capital mobility), ② 고정환율제도(fixed exchange rate), ③ 독립적인 통화정책(independent monetary policy).

삼위일체 불가능성(Impossible Trinity)

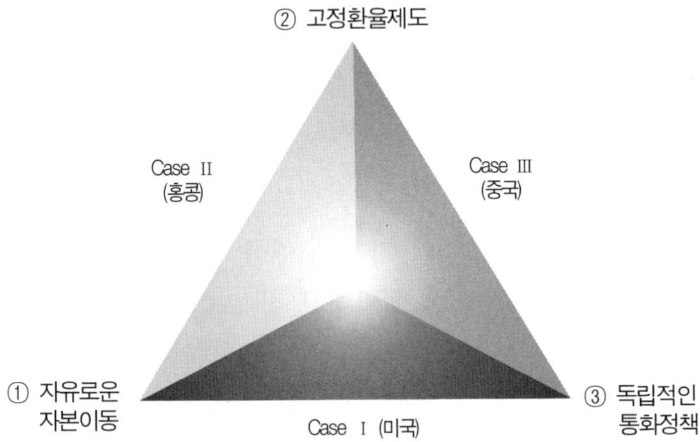

■ 세 가지 경우의 해설

- Case I : 미국은 ① 자유로운 자본 이동(free capital mobility)과 ③ 독립적인 통화정책(independent monetary policy)을 선택하고 ② 고정환율제도(fixed exchange rate)를 포기하였다.

  자유로운 자본 이동을 택했기 때문에 항상 자본의 유출입이 가능하고 달러화의 가치가 항상 변한다.

  만일 미국이 고정환율제도를 원한다면 미국의 외환당국이 해외로부터의 자본 유입 또는 유출로 인한 달러화 가치의 변동을 중화시키기 위해 외환시장에 개입해야 한다. 이는 곧 독립적인 통화정책의 포기를 의미한다. 왜냐하면 외부로부터의 자본 유입 또는 유출을 중화시키기 위해 외환시장에 개입함으로써 통화량이 변동하기 때문이다. 이에 따라 미국은 독립적인 통화정책의 수행을 위해 고정환율제도를 포기하였다.

- Case II : 홍콩은 ① 자유로운 자본 이동과 ② 고정환율제도를 선택하고 ③ 독립적인 통화정책을 포기하였다.

자유로운 자본 이동을 선택했기 때문에 자본의 유출입은 항상 홍콩달러의 가치를 상승 또는 하락시키는 압력으로 작용할 수 있다. 홍콩의 외환당국은 고정환율제도를 유지하기 위해 자국통화 가치의 변동을 초래할 수 있는 자본의 유출입에 대해 외환시장에서 이들 자본을 매수 또는 매도함으로써 자국통화량의 증가 또는 감소를 감내해야 한다.

홍콩의 통화량이 외부로부터의 자본 유출입에 의존하게 되고 독립적인 통화정책은 불가능하다.

- Case III : 중국은 ② 고정환율제도와 ③ 독립적인 통화정책을 채택하는 대신 ① 자유로운 자본 이동을 포기하였다.

중국의 외환당국은 고정환율제도와 독립적인 통화정책을 유지해야 한다. 그러기 위해서는 외부로부터의 자본 유출입이 환율이나 통화량에 영향을 미치지 않도록 해야 한다. 그런데 외부로부터의 자본 유입이나 유출을 중화시키려면 이에 대응하여 외환시장에서 외화를 매수 또는 매도해야 한다. 이 경우 고정환율은 유지할 수 있지만 이에 따른 통화량의 증가 또는 감소는 피할 수 없다. 방법은 외부로부터 자본 유출입을 통제하는 한 가지 뿐이다.

따라서 중국이 고정환율제도와 독립적인 통화정책을 선택하기 위해서는 자유로운 자본 이동을 포기할 수 밖에 없다.

5 이자율 평가(利子率 平價, Interest Rate Parity, IRP)

— 개념

- 평가(平價, Parity)의 개념 : 경제학에서 평가(平價, parity)는 명목적인 수치가 다르더라도 그 실질적인 가치가 같은 경우를 말한다.
  - 예를 들어, 2년 만기 미 국채의 이자율이 연 3%이고 동일 만기 한국 국채의 이자율이 연 5%라면, 한국 국채의 이자율이 미 국채에 비해 2%p 더 높다. 이것을 이자율 차이 또는 내외금리차(interst rate differential, $i_{Korea} - i_{USA}$)라고 한다.

- 위에 언급한 2%p의 내외금리차는 한국 채권시장으로 외화 자본이 유입되는 원인이 된다. 한국 채권을 매입하면 미 채권에 비해 더 높은 이자율로 이자를 받을 수 있기 때문이다.
- 이러한 외화 자본의 유입은 한국 외환시장에서 달러의 공급을 늘리고, 이 늘어난 달러화가 한국자산에 투자되기 위해 원화로 바뀌는 과정에서 달러화는 약세가 되고 원화는 강세가 된다.
- 원화의 강세는 한국 제품이 수출될 때 가격 경쟁력을 떨어뜨리고 한국의 순수출(수출-수입)은 감소하게 된다. 순수출의 감소는 GDP를 감소시키고 이에 따른 경제성장의 둔화는 결국 원화 가치의 하락을 초래할 것이다.
- 이처럼 향후 예상되는 원화가치의 하락으로 인해 외국인들은 원화 자산에 투자한 후 이를 달러화로 환전하여 본국으로 다시 송금(逆送金, repatriation)할 때 환차손을 예상할 수 있다.

결국 내외금리차로 인한 이자차익이 향후 환차손으로 인해 상쇄될 수 있는 가능성을 감안하면, 연 5%의 이자를 지급하는 한국 국채와 연 3%의 이자를 지급하는 미 국채는 국제금융시장에서 이론적으로 그 실질적인 가치가 동등하다는 것이다. 이것이 바로 이자율 평가 이론의 개념이다.

요약하면, (+)의 내외금리차$\{(i_{Korea}-i_{USA})>0\}$ → 한국으로의 외화(달러) 유입 → 달러 공급 증가 → 달러화 약세, 원화 강세 → 한국의 수출 가격 경쟁력 약화 → 한국의 순수출(수출－수입) 감소 → 한국의 경제성장률 둔화 → 원화 약세 예상 및 투자자금 역송금시 환차손 예상의 논리적 전개가 가능하다.

따라서 (+)의 내외금리차$\{(i_{Korea}-i_{USA})>0\}$와 환차손 예상(−)이 장기적으로 상쇄되어 결국 이자 차이를 얻기 위한 재정거래의 이익이 소멸하고 장기적으로는 두 나라의 국채가 주는 이자의 효과가 같아진다는 것이 이자율 평가이론의 요지이다. 다시 말하면, (+)의 내외금리차 $\{(i_{Korea}-i_{USA})>0\}$가 환차손 예상(−)으로 장기적으로 상쇄되어 결국 이자 차이를 얻기 위한 재정거래의 이익이 소멸할 때 이자율 평가 이론이 성립한다는 것이다.

— 헷지 이자율 평가(Covered IRP, CIRP)와 비헷지 이자율 평가(Uncovered IRP, UIRP)

■ 헷지(covered)의 개념 : 경제학에서 헷지란 가치의 변동 가능성이 없어진 것을 말한다. 가치의 변동 가능성이란 가격의 미래 불확실성(uncertainty)으로부터 나온다. 우리가 어느 재화의 미래 가격을 알 수 없으면 그 재화의 미래 가치를 결정할 수 없다. 그러나 어느 재

화의 미래 가격을 계약에 의해 지금 결정할 수 있다면, 미래의 시점에 그 재화의 가격이 오르거나 내리더라도 상관없이 지금 정해진 가격으로 미래에 그 재화를 사거나 팔 수 있다.

- 예를 들어, 3개월후에 1달러를 1,000원에 매입하기로 지금 계약을 하면(달러화 선물환 매수 계약), 실제로 3개월 후에 환율이 1달러에 1,000원이든 900원이든 상관 없이 1달러를 1,000원에 살 수 있다.
- 여기서 중요한 것은 3개월 후 미래 시점의 환율을 모르더라도 걱정할 필요가 없다는 것이다. 왜냐하면 3개월 후의 환율이 1,100원으로 오르거나 900원으로 내리더라도 상관없이 1달러를 1,000원에 매입하기로 이미 계약이 되어 있기 때문이다. 따라서 헷지(covered)의 의미는 계약에 의해 미래의 거래 가격이 이미 정해져 있기 때문에 미래 가격의 불확실성을 우려할 필요가 없는 상태를 말한다. 이러한 계약을 선물환 매입계약이라 한다.
- 따라서 헷지 이자율 평가(Covered IRP, CIRP)는 두 나라의 이자율에 차이가 발생할 때, 현재의 내외금리차가 선물환율에 의해 불확실성 없이 정해진 환율 변화율과 그 크기가 같아서 서로 상쇄되고 결국 두 나라의 이자율은 실질적으로 같은 효과를 가진다는 것이다. 헷지 이자율 평가가 성립하는 경우 다음의 등식이 성립한다.

$$i_{Korea} - i_{USA} = \frac{F-S}{S} = \frac{E_{t+1} - E_t}{E_t}$$

$i_{Korea} - i_{USA}$: 한국과 미국의 현재 이자율 차이, 내외금리차 (interest rate differential),

F, E_{t+1}: 선물환율(F : forward exchange rate, E_{t+1} : exchange rate at $t+1$, $t+1$은 미래시점),

S, E_t: 현물환율(S : spot exchange rate, E_t : exchange rate at t, t는 현재시점)

■ 비헷지 이자율 평가(Uncovered IRP, UIRP) : 경제학에서 비헷지란 어느 재화의 가치가 미래 가격의 변동 가능성에 노출되어 있는 상태를 말한다. 미래 가치의 변동 가능성은 미래 가치를 알 수 없는 불확실성으로부터 나온다. 우리가 어느 재화의 미래 가격을 현시점에서 계약으로 정하지 않으면, 미래 시점에 어느 가격으로 그 재화를 매입 또는 매도해야 하는지를 알 수 없다. 만일 미래 시점에 이 재화의 가격이 오르면 이 재화를 매입하기 위해 현재가격보다 더 높은 가격을 지불해야 하고, 만일 미래 시점에 이 재화의 가격이 내리면 더 낮은 가격을 지불하게 된다.

- 예를 들어, 1달러를 3개월 후에 1,000원으로 살 수 있는 계약(달러 선물환 매입 계약)을 현시점에서 채결하지 않으면, 3개월 후에 현물시장에서 달러를 매입할 때 그 때의 시장환율로 달러를 매입해야 한다. 물론 3개월 후의

현물환율이 얼마가 될지는 아무도 모른다.

- 만일 3개월 후의 현물환율이 현시점의 3개월 선물환율(예 : 1,000원)보다 높은 1,100원까지 상승하면, 3개월 후에 1달러를 매입하기 위해 1,100원을 지불해야 한다. 현시점에서 달러를 3개월 선물환율(예 : 1,000원)로 매수계약을 하면 1,000원에 매수할 수 있기 때문에 이 경우에 비해 달러당 100원을 더 지불해야 한다.

  만일 3개월 후의 현물환율이 현시점의 3개월 선물환율(예 : 1,000원)보다 낮은 900원으로 하락하면, 3개월 후에 1달러를 매입하기 위해 900원만 지불하면 된다. 현시점에서 달러를 3개월 선물환율(예 : 1,000원)로 매수계약을 하면 1,000원에 매수해야 하기 때문에 이 경우에 비해 달러당 100원을 덜 지불해도 된다.

  미래 환율이 오르면 달러를 더 비싸게 매입해야 하고 환율이 내리면 달러를 더 싸게 매입할 수 있는 양쪽 방향의 불확실성에 열려있는 것이다.

- 따라서 비헷지 이자율 평가(Uncovered IRP, UCIRP)는 두 나라의 이자율에 차이가 발생할 때, 현재의 내외금리차가 미래 환율의 예상치를 사용해 불확실성에 노출된 환율 변화율과 그 크기가 같아서 서로 상쇄되고 결국 두 나라의 이자율은 실질적으로 같은 효과를 가질 것으로 예상된다는 것이다. 비헷지 이자율 평가가 성립하는 경우 다음의 등식이 성립한다.

$$i_{Korea} - i_{USA} = \frac{E^e_{t+1} - E_t}{E_t}$$

$i_{Korea} - i_{USA}$: 한국과 미국의 현재 이자율 차이, 내외금리차 (interest rate differential),

E_t: 현물환율(E_t : exchange rate at t, t는 현재시점),

E^e_{t+1}: 미래 환율의 예상치(E_{t+1} : exchange rate at $t+1$, $t+1$은 미래시점, e : expectation, 예상치)

— 재정거래 메카니즘(Arbitrage Mechanism)

■ 가정 : 아래와 같은 가정하에 논리를 전개해 보자

① 1달러를 차입하는 비용 : 3개월 Libor[1] 금리가 연율 1%

② 1달러를 외환스왑 시장에서 원화로 바꾸어 한국 양도성 예금증서(Certificate of Deposit, CD)를 매입할 때의 수익 : 3개월 CD 수익률이 연율 4.0%

③ Won/Dollar 현물환율 : 1,000

④ Won/Dollar 3개월 선물환율 : 1,005

■ 재정차익(Arbitrage Benefit, or Incentive for Arbitrage) 계산 예시

- 내외금리차 : $i_{Korea} - i_{USA} = 4.0 - 1.0 = 3.0\%$

- 환율 변화율 : 현물환율 = 1,000, 3개월 선물환율 = 1,005

---

1) London Interbank Offered Rate, 런던 은행간 차입금리이며, 국제금융시장에서 달러 차입금리의 산정기준이 된다.

일 때,

$$\frac{F-S}{S}=\frac{1,005-1,000}{1,000}=0.005$$

그러나, 위의 환율 변화는 3개월 기간 중 발생한 것이기 때문에 연율 기준 이자율(%)과 비교하기 위하여 이를 1년 기준, % 단위로 변환할 필요가 있다. 따라서 위의 변화율에 12/3과 100을 각각 곱하면 아래의 결과를 얻는다.

$$\frac{F-S}{S}\times\frac{12}{3}\times 100=\frac{1,005-1,000}{1,000}\times\frac{12}{3}\times 100=2.0$$

- 따라서 재정차익 = 내외금리차 − 환율 변화율(연율, %)[2)]
  = 3.0 − 2.0 = 1.0 %

■ 한국 외환시장에서 헷지 이자율 평가(CIRP)가 성립하는가 또는 성립하지 않는가? 그 이유는 무엇인가?

- 헷지 이자율 평가 이론은 다음과 같은 두 가지 가정하에 내외금리차가 장기적으로 같은 크기의 환율 변화율에 의해 상쇄되어 재정차익이 소멸한다는 것이다. 두 가지

2) 환율 변화율을 차감하는 이유는, 외국인 투자자들이 달러를 우리나라에 들여와 외환스왑 시장에서 원화로 바꾸어(예: 1달러당 1,000원) 우리나라 금융자산에 투자한 후 만기에 원화를 다시 달러로 바꿀 때(예: 1,005원), 이 환율 변화율(2.0%) 만큼 원화를 더 지급함으로써 비용이 되기 때문이다.

재정거래 메카니즘

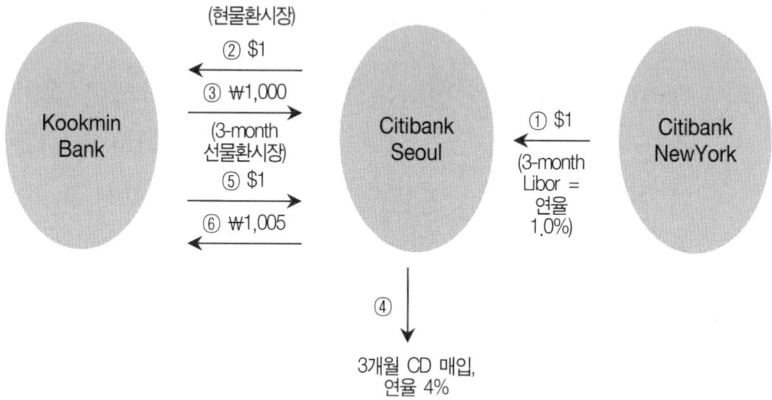

i) 내외금리차: 4%−1%=3%p

ii) 환율변동(연율, %)

$$\frac{1005-1000}{1000}\times\frac{12}{3}\times 100=2.0\%$$

iii) 차익거래 유인

=3%−2%=1%p

① Citibank N.Y.으로부터 $1 차입
② $1를 현물환시장에서 매도
③ ₩1,000을 현물환시장에서 매입
④ CD 매입
⑤ $1를 3개월 선물환시장에서 매입
⑥ ₩1,005을 3개월 선물환시장에서 매도

가정은 ① 국제적 자본 이동에 아무런 제약이 없고 ② 국제적 자본 이동에 아무런 비용이 없다는 가정을 의미한다. 이 경우 재정차익은 장기적으로 소멸하고 헷지 이자율 평가(CIRP)가 성립한다는 것이다.

- 그러나 한국의 외환시장 데이터를 관찰해 보면, 재정차익이 거의 항상 양(+)의 값을 보이고 있어서 헷지 이자율 평가(CIRP)가 성립하지 않는다는 결론을 얻게 된다. 그

이유는 무엇일까?

첫째, 위에 언급된 두 가지 가정은 현실성이 없다. 국제적인 자본 이동에는 사실상 여러 가지 제약이 있고 또한 거래비용이 수반된다.

둘째, 한국은 신흥시장국으로서 외환시장에서 달러가 충분한 양이 머무를수록 국제 자본시장에서 달러를 조달하는 것보다 편리하고 조달비용도 절감할 수 있다. 그런데 재정차익이 이론대로 0이 되면 달러가 한국의 외환시장으로 새로이 유입될 유인이 없다. 자본이동의 제약과 이동에 따른 비용을 감안하고 나면 한국으로의 자본 유입으로 양(+)의 순이익을 얻을 수 없기 때문이다.

- 따라서 투자자 측면에서 보면, 한국 외환시장에서 거의 항상 나타나는 양(+)의 재정차익은 위험통화로 간주되는 한국 원화표시 자산을 취득하면서 부담하는 위험[3)]에 대한 보상(risk premiun)이다. 이 양(+)의 리스크 프리미엄이 거의 항상 존재하기 때문에 한국 원화 표시 자산을 매입하고 그 투자상황(포지션, position)을 유지할 수 있는 것이다.

반면에, 한국 등 신흥시장국의 입장에서 이 양(+)의 재정차익은 달러가 자국내 외환시장에서 머물도록 하기 위한

3) 외국인 투자자가 원화자산 투자 후 달러화로 환전하여 본국으로 다시 송금할 때 원화가치 하락으로 입을 수 있는 환차손의 위험을 말한다.

비용이다. 이 비용은 만일 달러가 자국내 외환시장에 머물지 않을 경우 필요한 달러를 모두 국제금융시장에서 조달하는 비용과 불편함에 비해 상대적으로 감내할 만하다.

6 자국통화 약세정책의 효과(The Effects of the Depreciation Policy)

— 자국통화의 약세정책으로 통화가치가 하락하면 경제에 어떤 영향을 미칠 것인가?

- 통화 약세 → 수출 증가? : 자국통화의 약세정책으로 통화가치가 하락할 때 다른 모든 변수에 변동이 없다면, 수출의 가격경쟁력이 개선되어 순수출(수출−수입)이 증가할 것이다.
  - 그러나 한 나라의 통화가치 약세정책에 대응하여 교역상대국들도 따라서 통화가치 약세정책을 펼친다면 통화가치의 약세로 인한 수출 가격경쟁력 개선 효과는 곧 소멸할 것이다.

- 수출 증가 → 산출 증가? : 한 나라의 수출이 증가하면 경제의 총수요가 증가하고 이에 따라 산출도 증가할 것이다. $Y = C(Y-T) + I(Y, i) + G + NX(X-M)$에서

$NX(X-M)$가 증가하면 Y가 증가하기 때문이다.

- 산출 증가 → 고용 증가? : 한 나라의 산출이 증가하면 고용도 함께 증가할 것인가? 이에 대한 답은 간단하지 않다.

  - 첫째, 산출 증가는 고용 증가를 초래할 수 있다. 그러나 과연 얼마나 많은 고용이 증가할 것인지가 관건이다. 만일 산출 증가가 주로 자본과 장비를 집중적으로 사용하는 제조업 부문에서 일어난다면, 고용 증가 효과는 크지 않을 것이다. 주요 선진국들에서 제조업 생산 증가가 주로 자본과 장비의 투입 증가에 기인하기 때문이다.

  - 둘째, 통화가치 하락은 수입재화의 가격 상승을 통해 인플레이션의 원인이 된다. 또한 산출 증가도 경제의 총수요 증가를 통해 인플레이션 압력을 증가시킨다. 따라서 통화가치의 약세 정책은 인플레이션을 초래할 가능성이 크다.

  인플레이션은 가계의 실질 가처분소득을 감소시킨다. 통화가치의 약세 정책으로 인플레이션이 높아진다고 해서 가계의 명목임금이 인플레이션 만큼 자동적으로 증가하지는 않을 것이기 때문이다. 가계는 실질 가처분 소득의 감소에 따라 소비 지출을 줄여야 하는데 주로 서비스 분야에서 이러한 지출 감소가 주로 발생할 것이다. 생활의 유지에 필수적인 소비지출은 줄이기 어렵기 때문이다.

서비스 분야의 지출 감축은 이 분야의 매출 감소를 초래할 것이고 결국 서비스 분야에서 고용 감소가 초래될 것이다.

종합하면, 자국통화의 약세 정책으로 제조업 분야에서 고용이 증가될 수 있으나 생산의 기계화 및 자동화를 감안할 때 고용증가 효과를 크게 기대하기 어렵다. 반면에 자국통화 약세 정책으로 인플레이션이 높아져서 가계의 실질 가처분소득이 감소하고 이에 따른 서비스 분야의 지출 감축으로 이 분야에서 고용 감소가 일어날 가능성이 크다. 어느 효과가 클지는 경제상황에 따라 다를 것이고 실증분석을 해 보아야 알겠지만 이에 대한 신중한 판단이 필요한 것은 분명하다.

— 환율 조작 논쟁(Debate over Currency Manipulation)

■ 환율 조작의 개념

- 환율 조작이란 한 나라의 외환당국이 자국 통화의 가치에 영향을 미치기 위해 의도적으로 외환시장에 개입하여 자국통화를 대가로 외화(주로 달러)를 매입 또는 매도하는 인위적인 조치를 말한다. 당국이 외환시장에 개입하여 인위적으로 자국통화를 대가로 외화(달러)를 매입 또는 매도하면 그 나라 통화와 달러화의 환율이 시장의 균형수준으로부터 괴리된다.

- 한 나라 외환당국의 외환시장 개입은 두 방향으로 가능하다.

  첫째는 한 나라의 통화가치가 너무 높아져 수출경쟁력이 약화되는 경우이다. 이 경우 외환당국은 자국통화의 가치를 낮추기 위해 외환시장에서 자국통화를 팔고 달러화를 매입한다. 이에 따라 자국 통화가치의 하락을 유도할 수 있다.

  둘째는 한 나라의 통화가치가 너무 낮아져 이 나라 통화표시 투자자산의 환차손이 예상되고 이에 따른 자본유출 및 외환위기의 가능성이 우려되는 경우이다. 이 경우 외환당국은 자국통화의 가치를 방어하기 위해 외환시장에서 자국통화를 매수하고 달러화를 매도한다. 이에 따라 외환보유액이 감소한다.

- 그러나 현실적으로 환율 조작이란 위에 언급한 첫째의 경우, 즉, 자국통화의 가치를 낮추어 수출경쟁력을 높이고 이를 통해 경제성장을 촉진하려는 경우를 말한다. 둘째의 경우는 주로 자국통화의 가치가 투기적 공격 등으로 인해 지나치게 약화될 경우 자국통화의 가치를 방어하고 외환위기를 방지하기 위한 조치이다. 따라서 이러한 조치는 국제사회에서 일반적으로 용인되고 있으며 환율조작으로 비난받을 사안이 아니다.

■ 환율 조작의 효과

- 한 나라가 외환시장 개입에 의한 환율 조작으로 자국통화의 가치를 하락시키면, 다른 나라들이 이러한 조치를 따라하지 않을 경우, 이 나라 제품의 수출가격이 외국통화 표시로 보다 저렴해진다.
- 따라서 환율 조작으로 이 나라 제품의 수출 가격경쟁력이 개선되지만 반대로 교역상대국들은 수출경쟁력의 약화와 순수출(수출－수입)의 감소를 겪게 된다. 국제사회가 환율조작을 불공정한 조치로 판단하는 이유이다.
- 이처럼 한 나라가 불공정한 방법에 의해 수출 경쟁력의 개선을 시도할 경우 교역 상대국들은 자국의 시장보호를 위해 보복관세를 부과할 수 있다.

■ 환율 조작의 판단 기준

- 경상수지 흑자 : 경상수지는 주로 수출과 수입의 차이인 순수출로 구성된다. 수출이 수입에 비해 증가하면 경상수지 흑자가 늘어나고 이에 따라 외화의 유입이 증가한다.

  외화의 유입은 일부분 외화예금으로 남아 있겠지만 다른 일부분은 원화로 환전된다. 결국 경상수지 흑자의 일부는 외환시장에서 달러의 공급을 증가시키고 이에 따른 달러 가치의 하락으로 원/달러 환율이 하락하게 된다.

  그런데 경상수지 흑자가 지속되는 상황에서 원화 가치가

이에 상응하여 상승하지 않는다면, 즉, 원/달러 환율이 이에 상응하여 하락하지 않는다면, 외환당국의 시장개입이 의심받을 수 있다. 외환당국이 외환시장에서 자국통화를 대가로 달러화를 매수하여 원/달러 환율의 빠른 하락세를 저지하였을 것이라는 추측이 가능하다. 이 경우 환율조작으로 비난받을 수 있다.

• 외환보유액의 증가 : 외환보유액은 외환당국이 외화표시로 보유하는 자산이며 대부분 국가의 외환당국은 비상사태에 대비하여 외환보유액을 갖고 있다. 우리나라는 정부의 기획재정부[4)]와 중앙은행인 한국은행[5)]이 외환당국으로서 외환보유액을 보유하고 있다.

외환보유액의 증가는 두 가지 경로로 설명될 수 있다. 첫째는 투자수익의 증가이다. 외환보유액은 외환당국이 비상시에 대비하여 보유하기 때문에 상당부분 유동성 자산의 형태로 보유되지만 일부는 유동성과 수익성을 함께 고려하여 보유된다. 따라서 외환보유액의 투자수익만큼

---

4) 기획재정부는 우리나라 외환시장의 안정을 위해 외국환평형기금 계정으로 원화표시 외국환평형기금채권을 발행하고 그 원화재원으로 필요시 외환시장에서 달러화를 매입한다. 또한 외화표시 외국환평기금채권을 발행하기도 한다. 이 경우 기획재정부 보유 외환보유액이 증가한다.

5) 한국은행은 기획재정부와 함께 우리나라 외환당국의 역할을 수행한다. 한국은행이 외환시장의 안정을 위해 원화를 대가로 달러화를 매입하는 경우 이 원화는 한국은행이 중앙은행으로서 보유하는 발권력에 의해 발행되는 것이다. 아무튼 한국은행이 외환시장에서 달러화를 매입하면 외환당국의 외화보유, 즉 외환보유액이 증가한다.

외환보유액이 증가한다. 둘째는 외환보유액의 시장가치가 이자율이나 환율에 의해 변하고 이에 따라 외환보유액 규모가 증가할 수 있다. 이자율이 하락하면 보유 채권의 현재가치 평가액이 증가할 수 있고 달러화의 약세는 기타통화 표시 자산의 달러기준 환산액을 증가시킨다.

그러나 외환보유액의 증가 규모는 통상적으로 가능한 수익률 수준, 즉, 이자율이나 환율 동향으로 추산 가능한 환산액 증가 등으로 설명이 가능해야 받아들여진다. 만일 한 나라의 외환보유액 증가 규모가 시장 변수로 설명할 수 없을 정도로 큰 경우에는 외환당국이 시장개입에 의해 외화의 보유규모가 증가한 것으로 의심받을 수 있다. 외환당국이 자국통화 가치의 상승속도를 완화시키기 위해 외환시장에서 달러화를 사들인 것이라는 추측을 피하기 어렵다.

- 실질실효환율지수(Real Effective Exchange Rate Index, REERI)는 한 국가 통화의 가치가 기준시점 대비 상승 또는 하락했는지를 나타낸다. 기준시점의 실질실효환율지수가 100이므로 이 지수가 100보다 높으면 한 국가의 통화가치가 기준시점보다 상승했음을 나타내고 이 지수가 100보다 낮으면 한 국가의 통화가치가 기준시점보다 하락했음을 나타낸다.

만일 한 국가의 경상수지가 상당 폭 흑자를 지속하는 상황에서 실질실효환율지수가 이에 상응하여 상승하지 않는다면 이 나라의 외환당국이 외환시장에서 달러를 매수하여 자국통화의 가치상승 속도를 완화시켰을 가능성을 의심받을 수 있다. 만일 외환당국의 개입이 없었다면 실질실효환율지수가 더 높아졌을 것이기 때문이다.

제 12 주

IS-LM 모형 : John Hicks & Alvin Hansen

Macroeconomics

1 재화시장과 IS 관계(The Goods Market and the IS Relationship)

— 개념 : IS 관계는 재화시장의 균형을 보여준다.

- 재화시장이 균형을 이루면, 재화의 생산은 장기적으로 재화에 대한 수요와 같아진다. 따라서 재화시장의 균형조건은 아래와 같다.

$$Y = C(Y - T) + I(Y, i) + G \cdots\cdots\cdots\cdots\cdots \text{IS 관계}$$

Y: 경제의 총생산(total output of the economy),
C: 소비(consumption),
I: 투자(investment),
G: 정부 지출(government spending),
T: 정부 세금(government tax),
i: 이자율(the interest rate)

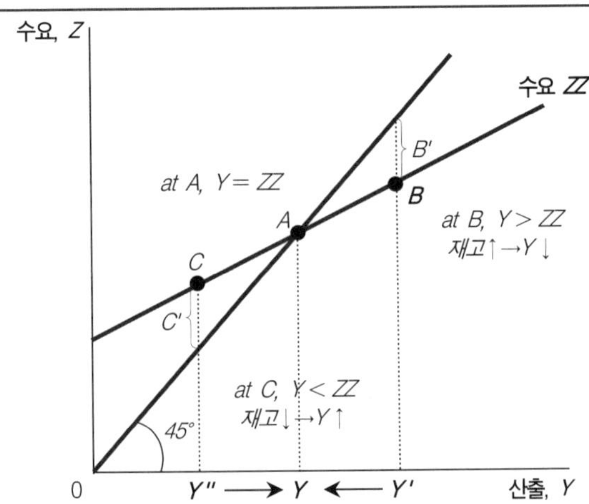

- 주어진 이자율 수준에서, 총수요(ZZ)는 생산의 증가 함수이고 따라서 수요곡선(demand curve, ZZ)은 우상향의 기울기를 보인다.
  - 생산이 증가하면 소득과 가처분소득이 함께 증가한다. 가처분 소득의 증가는 소비 증가를 초래하고, 소비 증가는 재고 감소를 통해 투자와 총수요의 증가를 유발한다.

    $Y\uparrow$ → $(Y-T)\uparrow$ → $C\uparrow$ → 재고(inventory)↓ → $I\uparrow$ → 총수요(Demand, (ZZ))↑

- 그러나 수요곡선의 기울기가 생산곡선의 기울기보다 완만한데 그 이유는 무엇일까?
  - 첫째, 생산이 증가하면 가처분소득이 증가한다. 그러나 가처분소득의 증가에 따른 소비 증가 규모는 한계소비성향(限界消費性向, marginal propensity to consume, MPC)에 의존하여 결정되는데 이 한계소비성향이 1보다 작다.
  - 둘째, 생산이 증가하면 소득 증가에 따라 소비가 증가하고 재고 감소로 투자가 증가한다. 그러나 투자 증가 규모는 미래의 투자 전망에 의존하는데, 미래 투자 전망이 불확실하기 때문에 생산의 증가만큼 투자가 늘어날지 확실하지 않다.

- 점 A에서, 생산과 총수요가 교차하고 이에 따라 경제는 균형상태에 있게 된다.
  - 점 B에서는, 총수요(ZZ)가 생산(Y')에 비해 B′만큼 부족해서 재고가 증가한다. 따라서 투자와 생산이 감소하고 경제는 균형으로 복귀한다($Y' \rightarrow Y$).
  - 점 C에서는, 총수요(ZZ)가 생산(Y'')보다 C′만큼 커서 재고가 감소한다. 이에 따라 투자와 생산이 증가하고 경제는 균형으로 돌아간다($Y'' \rightarrow Y$).

— IS 곡선의 도출(Derivation of the IS Curve)

- IS 곡선은 이자율(i)와 생산(Y)의 관계를 나타낸다. IS 곡선은 이자율의 변화가 생산에 미치는 영향을 분석한다.

- 이자율이 오르면, 투자가 감소한다. 투자의 감소는 총수요와 생산의 감소를 유발한다.

$$i \uparrow (i \rightarrow i') \rightarrow I(Y, i) \downarrow \rightarrow$$
$$ZZ \downarrow (ZZ \rightarrow ZZ') \rightarrow Y \downarrow (Y \rightarrow Y')$$

- 두 점 A(Y, i)와 A′(Y', i')를 연결하여 IS 곡선을 얻을 수 있다.

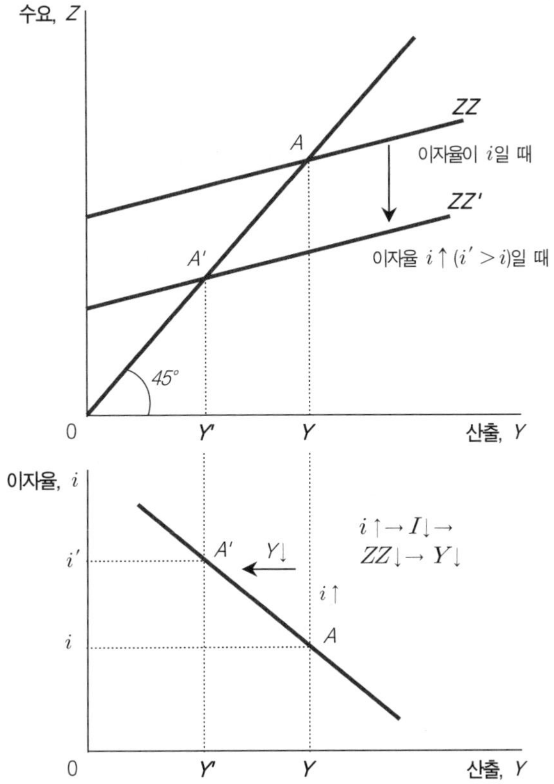

— IS 곡선의 이동(Shift of IS Curve)

■ 정부가 세금을 늘리면 IS 곡선이 좌측으로 이동한다.

- 주어진 이자율 수준에서, 세금이 증가하면 가계의 가처분소득이 감소한다. 가처분소득이 감소하면 소비, 투자, 총수요와 생산이 감소한다.

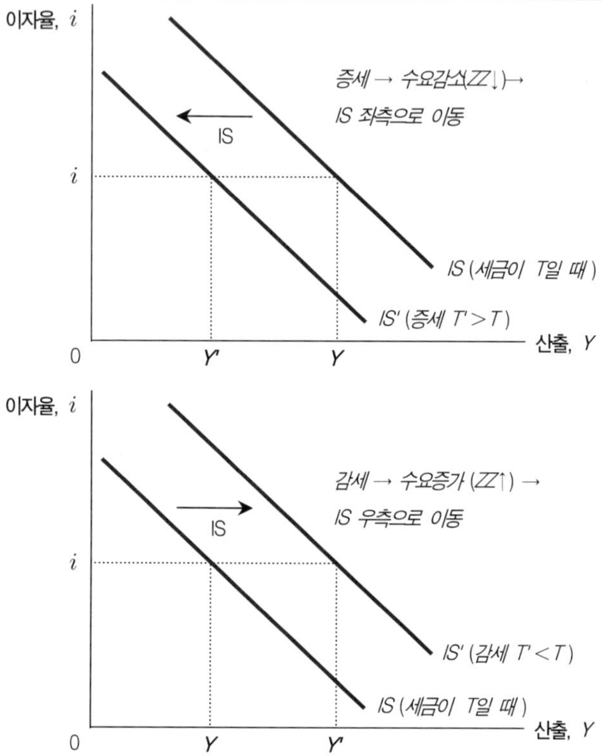

따라서 세금의 증가는 모든 이자율 수준에서 생산의 감소를 가져 오고 이에 따라 IS 곡선은 좌측으로 이동한다.

$T\uparrow \rightarrow (Y-T)\downarrow \rightarrow C\downarrow \rightarrow I\downarrow \rightarrow ZZ\downarrow \rightarrow$
$Y\downarrow$ → IS 곡선 좌측으로 이동(IS curve shift leftward)

■ 정부가 세금을 줄이면 IS 곡선이 우측으로 이동한다.

• 주어진 이자율 수준에서, 세금이 감소하면 가계의 가처분

소득이 증가한다. 가처분소득이 증가하면 소비, 투자, 총수요와 생산이 증가한다.

따라서 세금의 감소는 모든 이자율 수준에서 생산의 감소를 가져 오고 이에 따라 IS 곡선은 우측으로 이동한다.

$T\downarrow \rightarrow (Y-T)\uparrow \rightarrow C\uparrow \rightarrow I\uparrow \rightarrow ZZ\uparrow \rightarrow$
$Y\uparrow \rightarrow$ IS 곡선 우측으로 이동(IS curve shift rightward)

2 금융시장과 LM 관계(Financial Markets and the LM Relationship)

— 개념 : LM 관계는 금융시장의 균형을 보여 준다.

$$(M/P) = Y \cdot L(i) \quad \text{.............................} \quad \text{LM 관계}$$

- 실질 통화공급(real money supply, M/P)은 실질 통화수요(real money demand, $Y \cdot L(i)$)와 같아야 한다.

— LM 곡선의 도출(Derivation of LM Curve)

- 실질 통화공급이 중앙은행에 의해 주어진다고 가정하면, 통화 공급 $M^s = (M/P)$는 수직이라고 가정할 수 있다.

- 주어진 소득 수준(Y)에서, 실질 통화수요는 이자율의 감소함수이다. 왜냐 하면 이자율은 유동성선호 이론(liquidity preference theory)에 따르면 현금 보유의 기회비용(opportunity cost)이기 때문이다.

- LM 곡선은 이자율(i)과 생산(Y)의 관계를 나타내며, LM 곡선을 통해 생산의 변화가 이자율에 미치는 영향을 분석한다.

  - 생산이 증가하면 화폐에 대한 수요가 증가한다. 그런데 화폐의 공급은 중앙은행에 의해 주어진 것이고 따라서 화폐의 공급 곡선은 수직인 것으로 가정하였다. 따라서 생산이 증가하면 이자율이 상승한다.

    생산과 이자율 사이(Y, i)에는 양(+)의 관계가 있다. 금융시장에서 균형을 이루는 두 점 $A(Y, i)$와 $A'(Y', i')$를 연결하면 우상향의 기울기를 가진 LM 곡선을 얻을 수 있다.

    $Y\uparrow(Y \to Y') \to M^d\uparrow(M^d \to M^{d\prime})$, 그러나 $M^s = (M/P)$가 주어진 것으로 가정했으므로 → $i\uparrow(i \to i')$, 따라서 LM 곡선은 우상향의 기울기를 가진다.

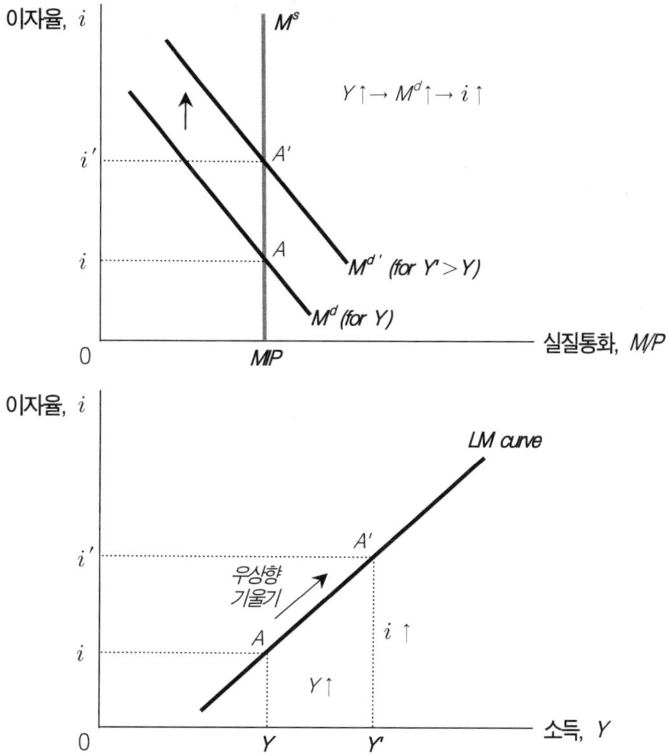

— LM 곡선의 이동(Shift of LM Curve)

- 주어진 소득수준 Y에서, 통화공급이 증가하면 $\{M^s=(M/P)\uparrow\}$ 이자율이 모든 소득수준에서 하락한다($i\downarrow$). 따라서 LM 곡선은 아래로 이동한다(LM curve shift downward).

■ 주어진 소득수준 Y에서, 통화공급이 감소하면 $\{M^s = (M/P)\downarrow\}$, 이자율이 모든 소득수준에서 상승한다($i\uparrow$). 따라서 LM 곡선은 위로 이동한다(LM curve shift upward).

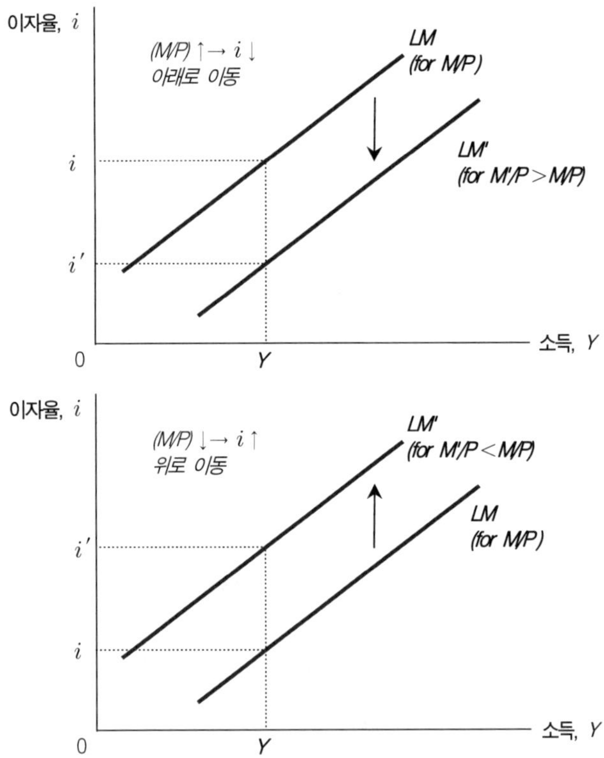

3 IS-LM 모형

— 개념 : **IS-LM 모형은 IS 모형과 LM 모형을 결합한 것이다.**

- IS 관계 : IS 관계는 재화의 공급이 재화에 대한 수요와 같아야 한다는 조건으로부터 나온 것이다.

$$Y = C(Y-T) + I(Y, i) + G, \quad i\uparrow \rightarrow Y\downarrow$$

- LM 관계 : LM 관계는 화폐의 공급이 화폐에 대한 수요와 같아야 한다는 조건으로부터 나온 것이다.

$$(M/P) = Y \cdot L(i), \quad Y\uparrow \rightarrow i\uparrow$$

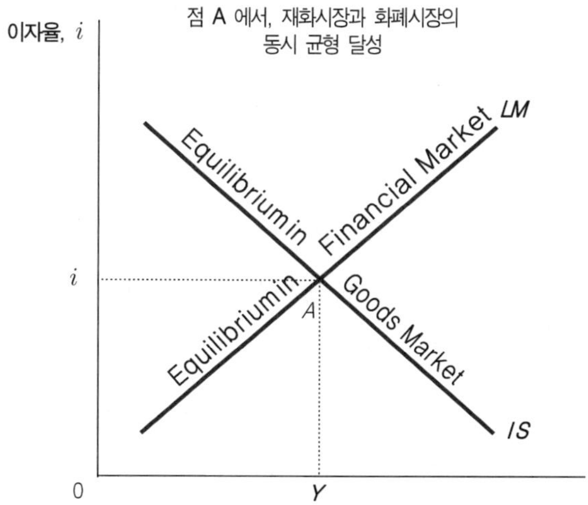

■ IS 관계와 LM 관계를 하나의 좌표에 함께 놓으면, 재화의 공급이 재화에 대한 수요와 일치하고 또한 화폐의 공급이 화폐에 대한 수요와 같다.

— IS-LM 모형에서의 재정정책

■ 확장적 재정정책(Fiscal expansion)

- 정부가 재정지출을 확대하면 총수요와 생산이 증가한다. 따라서 IS 곡선이 우측으로 이동한다.

$$G\uparrow \rightarrow \text{총수요},$$
$$\{C(Y-T)+I(Y,i)+G\uparrow\}\uparrow \rightarrow Y\uparrow$$

첫째, 재정지출 확대로 인해 생산이 승수효과(multiplier effect) 만큼 증가하여 IS 곡선을 우측으로 이동시킨다.(①)

$$Y=\Delta G(1+\text{MPC}+\text{MPC}^2+\text{MPC}^3+\cdots)$$
$$=\Delta G/(1-\text{MPC})$$

둘째, 확장적 재정정책에 따른 생산 증가 효과는 이자율의 상승으로 인해 발생하는 두 가지의 상쇄효과(two off-setting effects) 때문에 그 효과가 줄어든다.(②)

i) 구축 효과(Crowding out effect) : 정부가 재정지출을 늘리려면 정부의 채권 발행으로 그 재원을 마련하게 된다. 그런데 시장에서 채권을 매입할 수 있는 재원은 한

정되어 있다(The total credit availability remains constant). 따라서 정부가 국채 발행을 늘리면 시장에서 다른 채권을 매입할 수 있는 여력이 감소하고 이는 곧 채권에 대한 수요가 공급에 비해 상대적으로 부족함을 의미한다. 이에 따라 시장 이자율이 상승하게 된다.

이처럼 정부의 국채 발행 증가가 여타채권의 매입 여력을 몰아낸다는 의미에서 구축효과라는 용어가 나오게 되었다.

ii) 통화가치 상승 효과(Appreciation effect) : 생산의 증가로 이자율이 상승하면 채권의 이자수입 증대 등으로 채권시장을 중심으로 외화 자본이 유입될 수 있다. 이에 따라 자국통화의 가치가 상승하면 수출경쟁력의 약화를 통해 순수출과 생산이 줄어들게 된다.

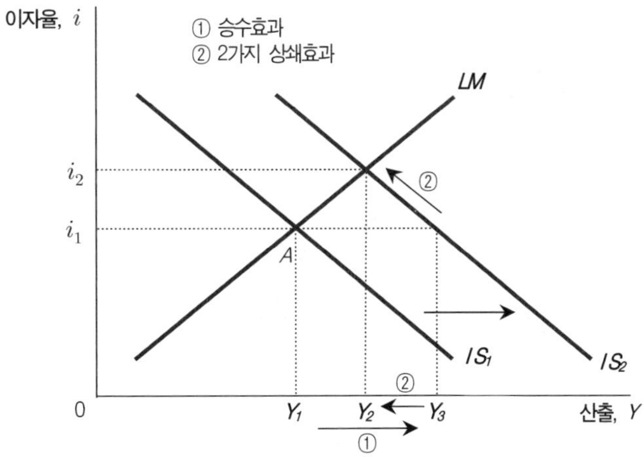

위와 같은 두 가지의 상쇄효과($Y_3 \to Y_2$)로 인해 확장적 재정정책의 생산 증가 효과($Y_1 \to Y_2$)는 이자율이 상승하지 않은 경우($Y_1 \to Y_3$)에 비해 작아진다.

— IS-LM 모형에서의 통화정책

- IS-LM 모형에서 통화공급의 증가는 이자율 하락에 따른 투자 증가를 통해 생산에 영향을 미친다. 이것이 통화정책의 파급경로이다(monetary transmission mechanism).

$$(M/P)\uparrow \{(M/P) \to (M'/P)\} \to i\downarrow (i \to i') \to I\uparrow \to Y\uparrow (Y \to Y')$$

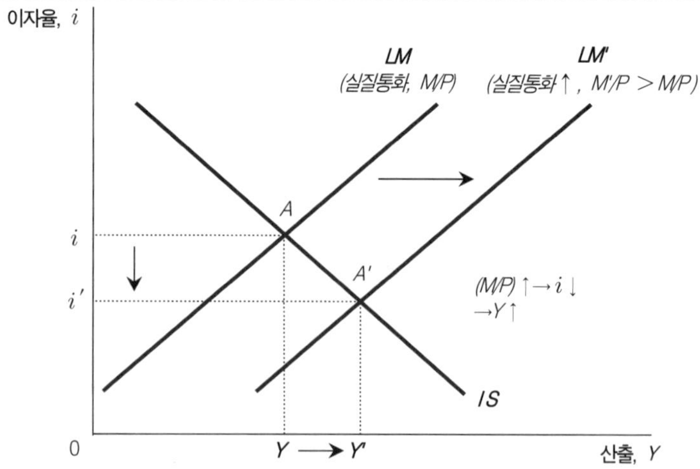

— IS-LM 모형과 유동성 함정(Liquidity Trap)

- 시장 이자율이 극단적으로 낮아서 소위 유동성 함정이라 칭하는 상황에서는, 확장적 재정정책($G\uparrow, T\downarrow$)이 확장적 통화정책$\{(M/P)\uparrow\}$에 비해 보다 효과적이다.

- 경제가 A의 상황에 있는 것으로 가정하고 확장적 재정정책의 효과와 확장적 통화정책의 효과를 비교해 보자.

  - 확장적 통화정책$\{(M/P)\uparrow\}$은 생산을 B점(Y', O)까지 증가시킬 수 있으나 그 이상으로 생산을 증가시키지는 못한다. B점(Y', O) 이상의 범위에서는 확장적 통화정책으로 LM 곡선이 보다 더 우측으로 이동해도 IS 곡선이 우측으로 이동하지 않으면, IS 곡선과 LM 곡선의 교차점이 B점(Y', O)으로 변함이 없다. 따라서 IS-LM 모형의 균형 생산량은 Y'보다 클 수 없다.

  - 그러나 확장적 재정정책($G\uparrow, T\downarrow$)으로 IS 곡선이 우측으로 이동하면 IS 곡선과 LM 곡선의 교차점이 B점(Y', O)보다 더 큰 점, 예를 들어 C(Y'', O)로도 이동할 수 있다.

    따라서 이자율이 극히 낮은 경우에는 확장적 재정정책이 확장적 통화정책보다 더 효과적이다.

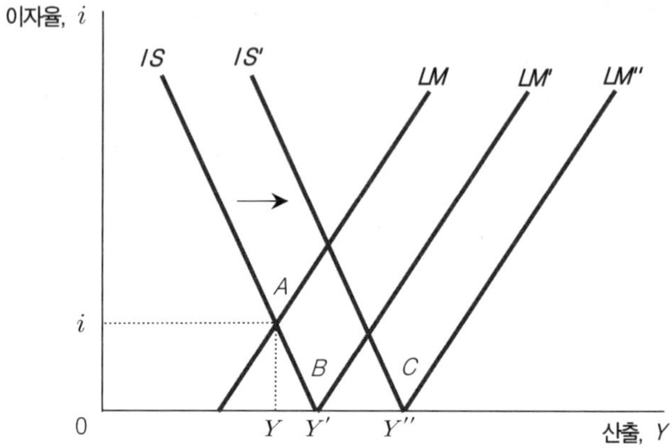

IS+LM: A(Y, i)
IS+LM': B$(Y', 0)$ $Y\uparrow(Y \rightarrow Y')$
IS+LM'': B$(Y', 0)$ Y 불변
IS'+LM'': C$(Y'', 0)$ $Y\uparrow(Y' \rightarrow Y'')$

— IS-LM 모형에서의 정책 조합

- 경제가 당초 IS 곡선과 LM 곡선의 교차점인 A에서 균형상태에 있다고 가정하자. 만일 외부충격에 의해 투자가 감소하면 IS 곡선이 좌측으로 이동한다($IS \rightarrow IS'$).
  - 당국이 아무런 정책대응을 하지 않는다면, 경제의 균형상태는 A에서 A′로 이동할 것이고 생산은 Y에서 Y′로 줄어들 것이다.(①)
  - 중앙은행이 확장적 통화정책을 펴게 되면 LM 곡선이 우측으로 이동한다($LM \rightarrow LM'$).(②)

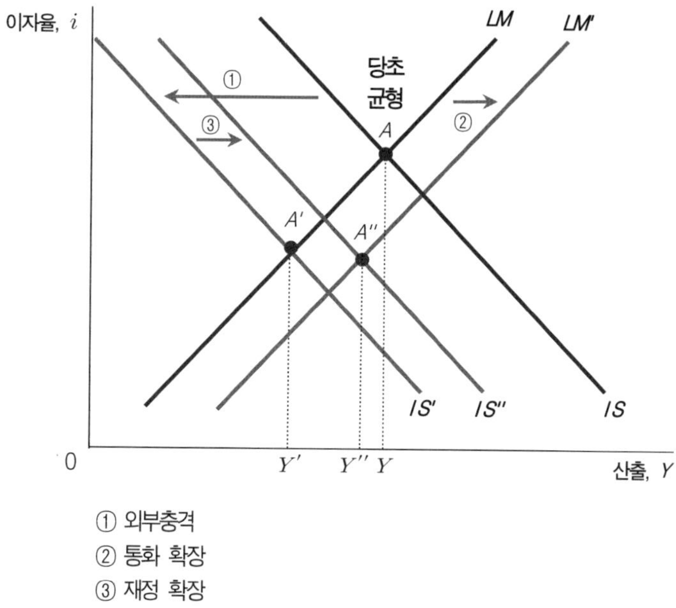

- 정부의 확장적 재정정책은 IS 곡선을 우측으로 이동시킨다($IS' \rightarrow IS''$).(③)
- 확장적 통화정책과 확장적 재정정책을 동시에 펼치는 정책조합(policy mix)을 통해 Y′로 감소되었던 생산을 다시 Y″까지 확대할 수 있다.

제 13 주 IS-LM과 AD-AS 모형

Macroeconomics

1 총수요(Aggregate Demand, AD)

— 총수요 곡선의 도출(Derivation of AD curve)

- IS-LM 관계로부터 물가(P)와 생산(Y)간의 관계를 도출할 수 있다.

$$LM: M/P = Y \cdot L(i),$$

$$IS: Y = C(Y-T) + I(Y, i) + G,$$

$$AD: Y = Y(M/P, G, T)$$

• 물가가 상승하면 실질 통화공급이 감소하기 때문에 이자율 상승으로 LM 곡선이 좌측으로 이동한다. 이자율 상승은 또한 투자 감소를 통해 총수요와 생산의 감소를 초래한다.

$P\uparrow (P \rightarrow P') \rightarrow (M/P\uparrow)\downarrow \rightarrow i\uparrow$: LM 곡선 좌측 이동.
$i\uparrow \rightarrow I\{Y(+), i(-)\uparrow\}\downarrow \rightarrow$ 총수요 $\{C(Y-T)+ I(Y, i\uparrow)\downarrow + G\}\downarrow \rightarrow Y\downarrow (Y \rightarrow Y')$: 이자율 상승으로 투자와 생산 감소

이로 인해 물가가 상승하면 생산이 감소한다는 $P\uparrow \rightarrow Y\downarrow$ 의 관계를 도출할 수 있고 총수요 곡선(AD curve)은 우하향의 기울기를 가짐을 알 수 있다.

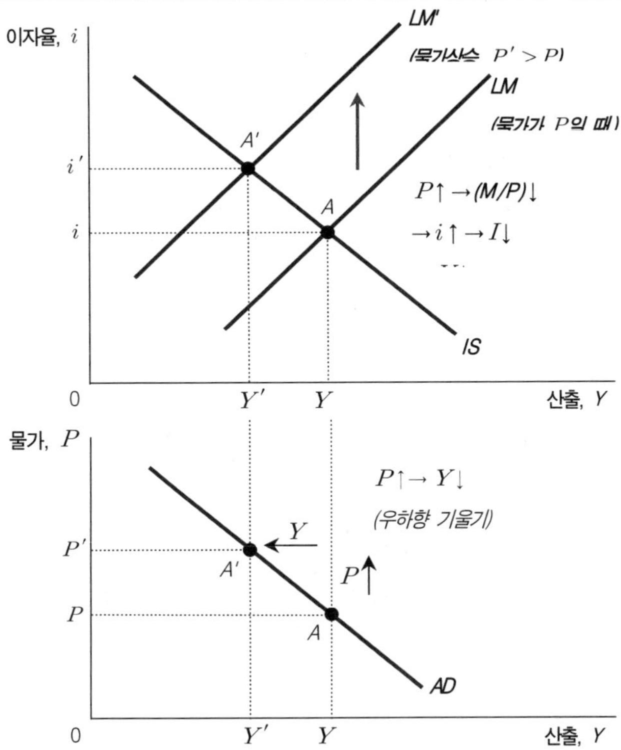

— 확장적 통화정책과 총수요 곡선(Expansionary Monetary policy and the AD curve)

■ 통화공급의 확대를 통한 확장적 통화정책은 주어진 물가수준(P)에서 LM 곡선과 총수요 곡선을 우측으로 이동시킨다.

- 통화공급의 증가는 이자율의 하락을 초래하고, 이자율의 하락은 투자와 생산의 증가를 유발한다.

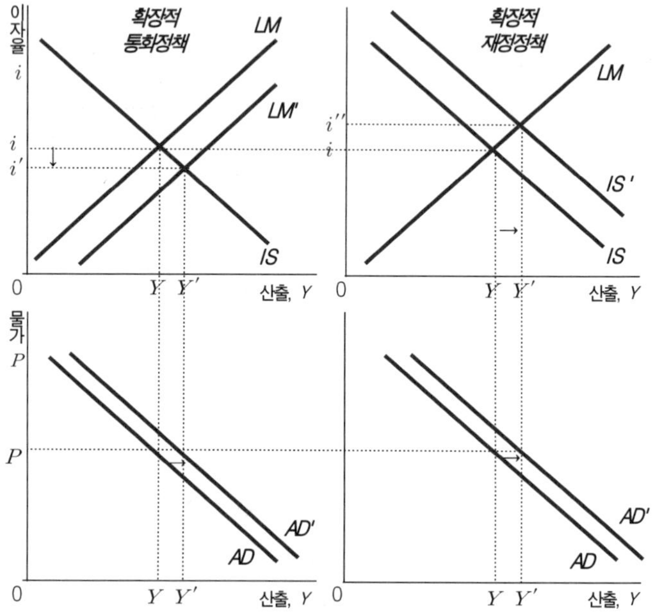

$$(M/P)\uparrow \rightarrow i\downarrow (i \rightarrow i') \rightarrow I\uparrow \rightarrow Y\uparrow (Y \rightarrow Y')$$

— 확장적 재정정책과 총수요 곡선(Expansionary Fiscal Policy and the AD curve)

- 정부가 재정지출을 증가시키면 IS 곡선과 AD 곡선이 주어진 물가수준(P)에서 우측으로 이동한다.
  - 정부지출의 증가는 총수요와 생산의 증가를 초래한다.

$$G\uparrow \rightarrow \text{총수요}\{C(Y-T)+I(Y,i)+G\uparrow\}\uparrow$$
$$\rightarrow Y\uparrow (Y \rightarrow Y') \text{ 그리고 } i\uparrow (i \rightarrow i'')$$

2 총공급(Aggregate Supply, AS)

— AS 곡선의 유도(Derivation of the AS curve)

- 노동시장으로부터 물가(P)와 생산(Y)간의 관계를 도출할 수 있다.

  - 물가수준은(P)은 향후 물가에 대한 기대(P^e)와 현재의 임금(W)에 의해 주로 결정된다.

    $$P = P^e \cdot f(W)$$

  - 물가는 노동시장의 여건, 특히 실업률(u)에 크게 영향 받는다. 따라서 실업률이 높아지면 구직자들이 임금협상에서 상대적으로 불리해지고 임금(wage, W)과 실업률(unemployment rate, u) 사이에는 음(−)의 관계가 있다.

    또한 생산이 증가하면 노동에 대한 수요가 늘어나고 실업률이 하락한다. 따라서 생산과 실업률 사이에도 음(−)의 관계가 있다.

    이상의 두 가지 음(−)의 관계를 결합하면, 생산과 임금 사이에 양(+)의 관계가 있음을 아래와 같이 도출할 수 있다.

    $$W = f\{\overset{-}{u}(\overset{-}{Y})\} = \overset{+}{f}(Y)$$

  - 이상을 종합하여 아래와 같이 총공급 관계(AS relationship)를 도출할 수 있다.

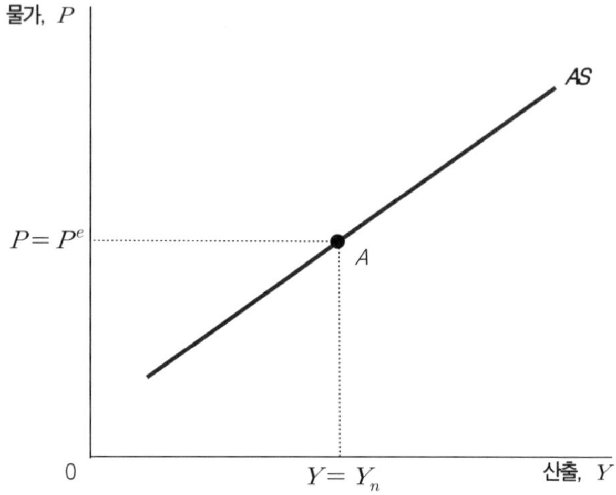

$$P=P^e \cdot f(W)=P^e \cdot \overset{+}{f}(Y)$$

여기서 생산과 물가 사이에 양(+)의 관계가 있기 때문에 AS 곡선(AS curve)은 우상향의 기울기를 가짐을 알 수 있다.

3 AD-AS 모형에서의 장단기 균형(Equilibrium of AD-AS Model in Short Run and in Long Run)

— 개념 : 총수요 곡선, AD: $Y=Y(M/P, G, T)$와 총공급 곡선, AS : $P=P^e \cdot f(Y)$으로부터 균형 산출량 Y를 구할 수 있다.

- 예상물가 기대치(P^e)가 총공급 곡선의 위치를 결정하고 균형점(equilibrium)에도 영향을 미친다.
  - 단기에는, 예상물가 기대치(P^e)가 임금 결정자들의 기대에 의해 주어진 것으로 가정된다.
  - 그러나 장기적으로는 예상물가 기대치(P^e)가 변하여 총공급 곡선을 이동시키고 이로 인해 균형점도 달라진다.

— 단기 균형에서 장기 균형으로의 이동(From short run equilbrium to long run equilbrium)

- 단기 균형 : 단기적으로는 경제가 총수요 곡선과 총공급 곡선의 교차에 의해 자연산출량(natural level of output) 수준인 Y_n보다 높은 수준의 균형점 A(Y, P)에 위치할 수 있다.

- 장기 균형 : 그러나 시간이 경과함에 따라 장기적으로는 균형점 A(Y, P)가 자연산출량 Y_n보다 높은 수준이기 때문에 $P > P^e$이고 $Y > Y_n$이다. 따라서 예상물가 기대치가 상승($P^e \uparrow$)하여 총공급 곡선이 좌측으로 이동하고 결국 산출량은 자연산출량 수준인 Y_n으로 복귀한다.

$Y > Y_n$ 이고 $P > P^e \rightarrow W\uparrow \rightarrow P\uparrow \rightarrow$
$(M/P\uparrow)\downarrow \rightarrow i\uparrow \rightarrow Y\downarrow(Y \rightarrow Y_n) \rightarrow$
AS 곡선이 좌측으로 이동한다.

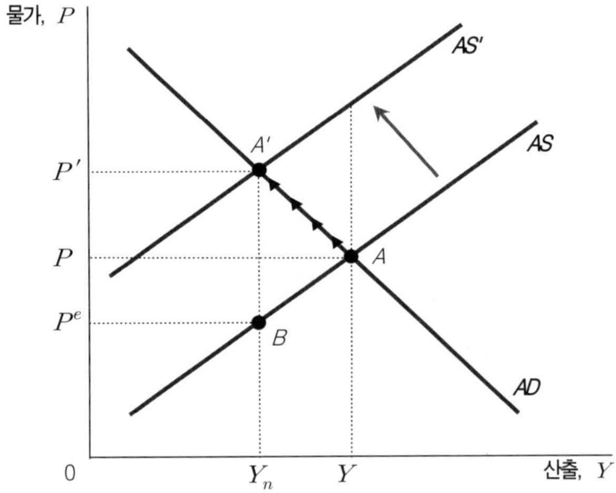

$A\ (Y, P)$: 당초 단기 균형점, $Y > Y_n$, $P > P^e$
$A'(Y_n, P')$: AS 좌측 이동 후 장기 균형점, $(AS \rightarrow AS')$

4 확장적 통화정책의 효과 (Effects of Monetary Expansion, MP)

— **가정(Assumptions)**

- 경제는 자연산출량 수준(natural output level, Y_n)에 있다.
- 점 A(Y_n, $P=P^e$)에서 총수요 곡선과 총공급 곡선이 교차한다.
- 점 A(Y_n, i)에서 IS 곡선과 LM 곡선이 교차한다.

— **확장적 통화정책의 단기 효과(Short-run effects of monetary expansion)**

- 확장적 통화정책으로 인해 총수요 곡선은 우측으로 이동한다.

$$(M\uparrow/P) \rightarrow \overrightarrow{AD}:\ Y=Y(\overrightarrow{M\uparrow}/P, G, T),$$
$$AD \rightarrow AD'$$

  - 새로운 총수요 곡선 AD'와 총공급 곡선 AS가 $A'(Y', P')$에서 교차한다.

- 확장적 통화정책은 LM 곡선을 아래로 이동시킨다.

$$(M\uparrow/P) \rightarrow \overrightarrow{LM}:\ (\overrightarrow{M\uparrow}/P)=Y\cdot L(i),$$
$$LM \rightarrow LM'$$

- IS 곡선과 새로운 LM 곡선 LM'가 $A'(Y', i')$에서 교차한다.

■ 단기적으로 확장적 통화정책은 이자율의 하락을 유발하고 또한 이를 통해 생산의 증가를 초래한다.

단기 효과 : $(M\uparrow/P) \rightarrow i\downarrow(i \rightarrow i') \rightarrow Y\uparrow(Y_n \rightarrow Y')$

— 확장적 통화정책의 중장기 효과(Medium- and long-run effects of monetary expansion)

■ AD−AS 모형의 점 $A'(Y', P')$에서, 산출량이 자연산출량 수준보다 높고($Y' > Y_n$) 또한 물가가 예상물가 기대치보다 높다($P' > P = P^e$). 따라서 예상물가 기대치가 높아지고($P^e\uparrow$) 이에 따라 총공급 곡선이 위로 이동하여($AS \rightarrow AS'$) 경제는 새로운 균형 산출량 수준인 점 A"(Y_n, P'')"에 도달한다.

■ IS−LM 모형의 점 $A'(Y', P')$에서, 산출량이 자연산출량 수준보다 높다($Y' > Y_n$). 따라서 물가 상승으로 실질 통화량이 감소하고 이자율이 상승한다{$P\uparrow \rightarrow (M/P\uparrow)\downarrow \rightarrow i\uparrow$}. LM 곡선이 다시 위로 이동하여 LM 곡선이 우측으로 이동하여 나타났던 단기적 효과를 상쇄시키고 경제는 원래의 균형점 $A(Y_n, i)$로 복귀한다.

- 결국 장기적으로는 확장적 통화정책의 단기 효과가 물가 상승의 효과와 이자율 상승의 효과로 상쇄되어 산출량은 원래의 자연산출량 수준으로 복귀한다.

  이것이 바로 고전학파가 주장하는 "화폐의 중립성(Money is neutral)"이다. 통화량의 증가가 단기적으로는 산출량을 증가시킬 수 있으나 장기적으로는 물가 상승과 이자율 상승의 효과로 상쇄되어 산출량을 증가시킬 수 없고, 장기적으로 통화량의 증가와 산출량은 중립적이라는 것이다.

단기 효과 (①)
$(M\uparrow/P)\rightarrow$
AD 우측으로 이동
LM 아래로 이동
$A(Y_n, P^e)\rightarrow A'(Y', P')$
$A'(Y', i')$

장기 효과 (②)
A'에서, $P' > P^e$, $Y' > Y_n$
이자율 상승($i'\rightarrow i$)에 의해,
AS 위로 이동
LM 원래 위치로 복귀

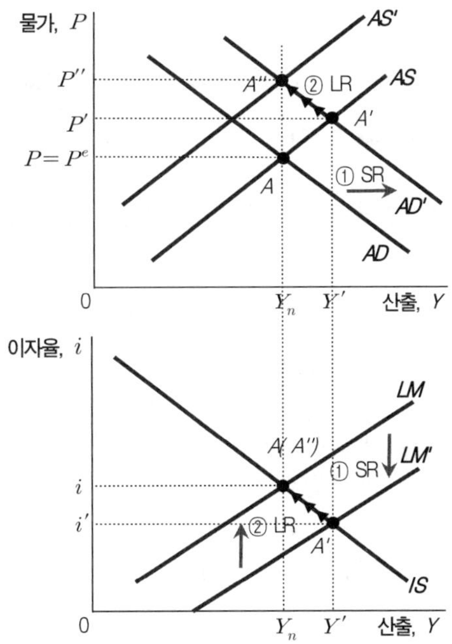

5 재정적자 축소, 긴축적 재정정책 (Decrease in Budget Deficit, Fiscal Contraction)

— 가정

- 경제는 자연산출량 수준(natural output level, Y_n)에 있다.
- 점 $A(Y_n, P=P^e)$에서 총수요 곡선과 총공급 곡선이 교차한다.
- 점 $A(Y_n, i)$에서 IS 곡선과 LM 곡선이 교차한다.

— **긴축적 재정정책의 단기 효과(Short-run effects of fiscal contraction)**

- 긴축적 재정정책으로 AD 곡선이 좌측으로 이동한다.

$$G\downarrow \;\rightarrow\; \overleftarrow{AD}:\; Y=Y(M/\overleftarrow{P}, G\downarrow, T),$$
$$AD \rightarrow AD'$$

  - 새로운 총수요 곡선 AD'와 AS 곡선이 $A'(Y', P')$에서 교차한다.

- 긴축적 재정정책은 IS 곡선도 좌측으로 이동시킨다.

$G\downarrow \rightarrow \overleftarrow{IS}$: $Y = C(Y-T) + I(Y, i) + G\downarrow$,
$IS \rightarrow IS'$

- 새로운 IS 곡선 IS'와 LM 곡선이 $A'(Y', i')$에서 교차한다.

■ 단기적으로 긴축적 재정정책은 이자율의 하락과 생산의 감소를 초래한다.

단기 효과 : $G\downarrow \rightarrow i\downarrow(i \rightarrow i')$, $Y\downarrow(Y_n \rightarrow Y')$

— **긴축적 재정정책의 중장기 효과(Medium- and long-run effects of fiscal contraction)**

■ AD-AS 모형의 $A'(Y', P')$에서, 산출량이 자연산출량 수준보다 작고($Y' < Y_n$) 물가도 예상물가의 기대치보다 낮다($P' < P = P^e$). 따라서 예상물가 기대치가 낮아지고($P^e\downarrow$) 이에 따라 AS 곡선이 우측으로 이동하여 새로운 균형점 A"(Y_n, P'')"에서 자연산출량 수준을 회복한다.

■ IS-LM 모형의 점 $A'(Y', i')$에서, 산출량이 자연산출량 수준보다 작다($Y' < Y_n$). 따라서 낮은 물가로 인해 실질 통화량이 증가하고 이자율이 하락한다{$P\downarrow \rightarrow$

$(M/P\downarrow)\uparrow \rightarrow i\downarrow (i' \rightarrow i'')\}$. LM 곡선이 다시 우측으로 LM 곡선이 좌측으로 이동하여 나타났던 단기적 효과를 상쇄시키고 경제는 균형점 $A''(Y_n, i'')$"에서 자연산출량 수준을 회복한다.

단기 효과 (①)

재정적자 감축($G\downarrow$) →

AD 좌측으로 이동

IS 좌측으로 이동

$A(Y_n, P=P^e) \rightarrow A'(Y', P')$

$A(Y_n, i) \rightarrow A'(Y', i')$

장기 효과 (②)

A'에서, $P' < P^e$, $Y' < Y_n$

AS 우측으로 이동

LM 우측으로 이동

$A'(Y', P') \rightarrow A''(Y_n, P'')$

$A'(Y', i') \rightarrow A''(Y_n, i'')$

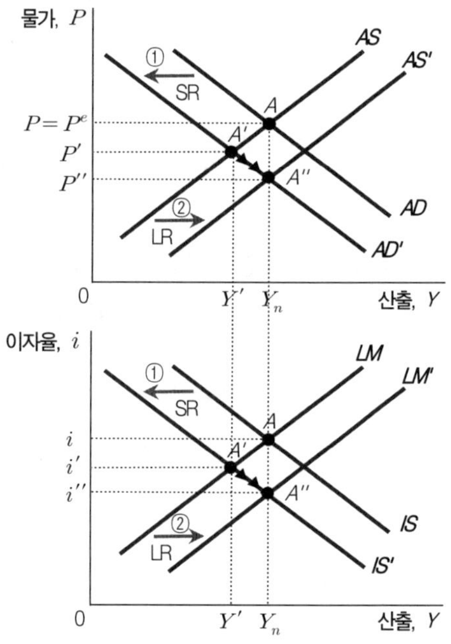

제 **14** 주

IS-LM 모형 : 개방경제로의 확장 모형

*M*acroeconomics

1 재화시장의 균형(Equilibrium in Goods Market)

— 순수출과 이자율 평가를 반영한 확장 모형(Extension to NX, and IRP)

- 이제 IS 모형을 순수출(net export, NX)과 이자율 평가(interest rate parity, IRP)를 반영하여 확장해 보자.
    - 수입(imports)은 한 나라의 생산이 증가하면 늘어나고 또한 한 나라의 통화가치가 상승(appreciation, 원/달러 환율은 하락)하면 증가한다.

      한 나라의 생산이 증가하면 국민소득이 늘어나고 이에 따라 수입이 증가한다. 한 나라 통화가치가 상승하면 수입재화의 자국통화 표시 가격이 하락하여 수입이 증가한다.
    - 수출(exports)은 외국의 생산이 증가하면 늘어나고 자국의 통화가치가 상승(appreciation, 원/달러 환율은 하락)하면 감소한다.

      외국의 생산이 증가하면 외국의 소득이 늘어나고 이에 따라 자국 제품에 대한 수요, 즉, 수출이 증가한다. 한 나라 통화가치가 상승하면 자국 제품을 수출할 때 외국통화 표시 가격이 상승하기 때문에 수출이 감소한다.
    - 내외금리차(interest rate differential : $i-i^{*}$) : 자국의 이자율

이 외국의 이자율에 비해 상승하면 생산에 부정적인 영향을 미친다.

① 투자 감소 : 이자율 상승은 차입비용의 증가를 통해 투자를 감소시키고 이는 총수요와 생산 감소를 유발한다.

② 수출 감소 : 내외금리차의 확대는 국내 채권의 이자수입 증가 등으로 외화자본의 유입을 초래한다. 이에 따른 자국통화의 가치 상승(appreciation, 원/달러 환율은 하락)으로 순수출이 감소하고 총수요와 생산이 줄어든다.

- 위에 설명한 요소들은 감안하여 IS 모형을 아래와 같이 다시 표시할 수 있다.
  - 총수요의 수출과 수입을 자국과 외국의 생산과 환율의 변수로 표현하면 다음과 같다.

$$IS: Y = C(Y-T) + I(Y, i) + G \\ + X(Y^*, E) - M(Y, E)$$

E : 환율, 여기서는 원/달러 환율의 상승이 각기 다른 방향으로 통화가치의 변동(원화 약세, 달러화 강세)을 의미함에 따른 혼동을 피하기 위해 통화가치 기준으로 표시한다. 따라서 E의 상승은 통화가치의 상승(원화가치 상승은 곧, 원/달러 환율의 하락을 의미)을 의미한다.

* : 별(*) 표시는 외국의 변수임을 의미한다. 따라서 Y^*는 외국의 생산, i^*는 외국의 이자율을 의미한다.

- 총수요의 수출과 수입을 순수출로 합쳐서 표현하면 다음과 같다.

$$IS: Y = C(Y-T) + I(Y, i) + G + NX(Y, Y^{*}, E)$$

- 위의 관계식에 내외금리차를 추가하여 정리하면 다음과 같다.

$$IS: Y = C(Y-T) + I(Y, i) + G + NX[Y, Y^{*}, i-i^{*}, E]$$

* 여기서 이자율 평가 이론이 성립한다면 양(+)의 내외금리차는 장기적으로 자국통화 가치 하락 예상율(−)로 상쇄될 것이다. 그러나 현실적으로 우리가 (제11주)에서 보았듯이 이자율 평가 이론은 성립하지 않는다. 따라서 내외금리차와 환율(자국통화 가치의 상승 또는 하락) 두 가지 모두를 순수출에 영향을 미치는 변수로 포함하였다.

2 금융시장의 균형 (Equilibrium in the Financial Markets)

— 개방경제에서도 통화의 실질 공급은 통화의 수요와 같아야 한다.

- 통화의 실질 공급이 증가하면 이자율이 하락한다.
- 생산의 증가로 통화에 대한 수요가 증가하면 이자율이 상승한다.

$LM: M/P = Y \cdot L(i)$

통화의 실질 공급 증가 : $(M^s = M/P) \uparrow \rightarrow i \downarrow$,

통화에 대한 수요 증가 : $Y \uparrow \rightarrow \{M^d = Y \cdot L(i)\} \uparrow \rightarrow i \uparrow$

3 개방경제에서의 정책 효과(Effects of Policy in an Open Economy)

— 이자율 평가가 성립하지 않는 경우의 IS-LM 모형(IS-LM with not holding IRP)은 다음과 같다.

$$IS: Y = C(Y - T) + I(Y, i) + G + NX[Y, Y^*, i - i^*, E]$$

$$LM: M/P = Y \cdot L(i)$$

— 개방경제에서의 재정정책 효과(Effects of Fiscal Policy in an Open Economy)를 아래와 같이 IS-LM 모형을 이용하여 살펴보자.

$$IS: Y = C(Y - T) + I(Y, i) + G + NX[Y, Y^*, i - i^*, E]$$

$$LM: M/P = Y \cdot L(i)$$

- 가정 : 정부가 세금의 증가 없이 재정지출을 증가시키면서 재정수지는 적자가 된다.

- 확장적 재정정책의 효과(Effects of fiscal expansion)

  - 정부가 주어진 이자율 수준에서 재정지출을 ΔG만큼 증가시키면 승수효과에 의해서 생산이 증가하고 (①, $Y \rightarrow Y''$) IS 곡선은 우측으로 이동한다.($IS \rightarrow IS'$)(제1주 참조).

  - 그러나, 정부는 재정적자에 의한 지출증가 재원의 확보를 위해 정부채권을 발행해야 하고 이에 다른 이자율 상승이 유발하는 두 가지의 상쇄효과[1](②, $Y'' \rightarrow Y'$)로 인해 생산 증가는 $Y \rightarrow Y'$(③)에 그친다.

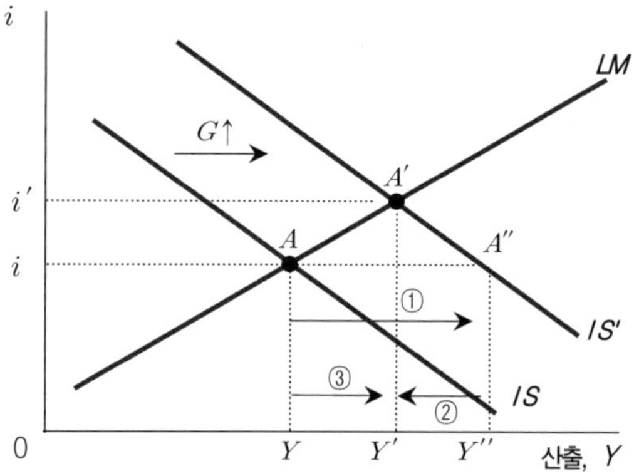

① $\Delta G\uparrow$의 승수 효과
② 이자율 상승에 의한 2가지 상쇄 효과
③ $\Delta G\uparrow$의 최종 효과

1) 구축효과(crowding out effect)와 자국 통화가치의 상승 효과(appreciation effect)(제1주 참조)

— 개방경제에서의 통화정책 효과(Effects of Monetary Policy in an Open Economy)

$$IS: \ Y = C(Y-T) + I(Y, i) + G + NX[Y, \ Y^{*}, i-i^{*}, E]$$

$$LM: \ M/P = Y \cdot L(i)$$

■ 중앙은행이 통화공급을 감축하면 이자율이 상승하고 LM 곡선이 좌측으로 이동한다. 이에 따라 아래와 같은 결과를 얻는다.

- 이자율의 상승은 투자와 생산의 감소를 유발한다.
- 이자율의 상승은 자국 통화가치의 상승을 통해 순수출과 생산의 감소를 초래한다.

$\{M^{s} = M/P\} \downarrow \rightarrow i \uparrow \rightarrow$ {통화가치 상승(appreciation) $\rightarrow NX \downarrow, \ I(Y, i\uparrow) \downarrow\} \rightarrow Y \downarrow$

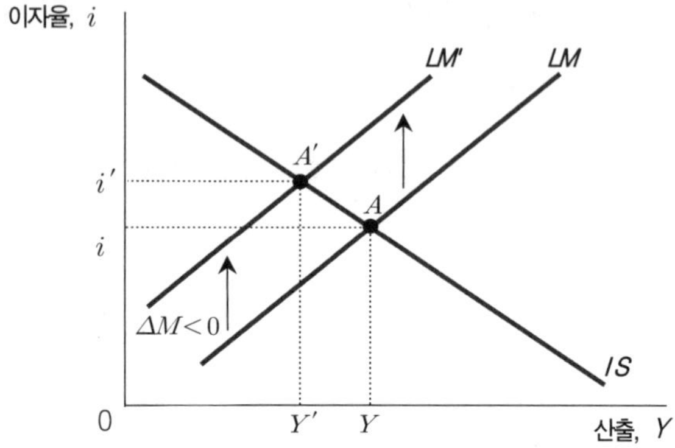

A: 당초 균형

A': 통화공급 감축 후의 균형: $(M/P)\downarrow \rightarrow i\uparrow (i \rightarrow i')$

— 고정환율제도와 변동환율제도하에서의 재정정책 효과 (Fiscal Policy under Fixed and Flexible Exchange Regime)

■ 확장적 재정정책은 IS 곡선을 우측으로 이동시킨다.

- 변동환율제도를 채택한 국가의 경우에는, 중앙은행이 확장적 재정정책에 따른 이자율의 상승과 자국 통화가치의 상승을 용인할 수 있다.

  따라서 이자율을 낮추기 위해 통화량을 증가시켜야 할 필요가 없고 생산은 균형점 B에서 결정되는 수준인 Y'까지 증가한다.

- 고정환율제도를 채택한 국가의 경우에는, 중앙은행이 확장적 재정정책에 따른 이자율의 상승과 자국 통화가치의

상승을 용인할 수 없다.

따라서 이자율의 상승을 막기 위해 통화량을 증가시켜야 한다. 고정환율제도를 채택하였기 때문에 환율을 일정 수준으로 유지할 필요성 때문에 자유로운 통화정책에 제약을 받을 수 있다.

그러나 이자율과 환율을 일정 수준으로 유지하기 위해 통화공급을 늘려야 하기 때문에 생산은 변동환율제도를 채택한 경우의 증가($Y \rightarrow Y'$)보다 더 크게($Y \rightarrow Y''$) 늘어난다.

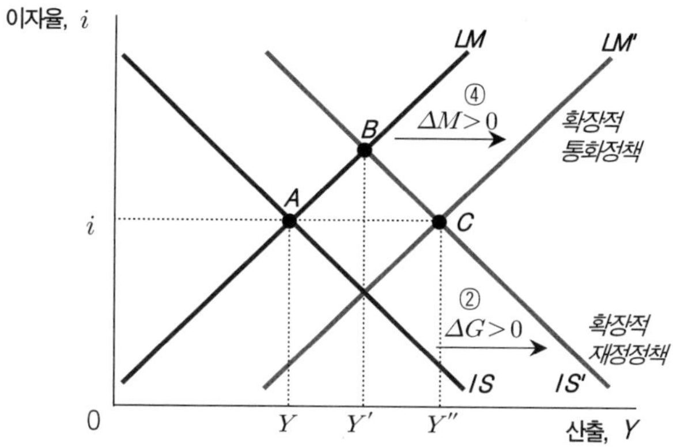

① A : 당초 균형　　② $\Delta G\uparrow$: IS 우측으로 이동 ($IS \rightarrow IS'$)
③ B: 변동환율제도에서의 새로운 균형, 확장적 통화공급이 불필요, $Y\uparrow$ ($Y \rightarrow Y'$)
④ C: 고정환율제도에서의 새로운 균형, 확장적 통화공급이 필요,
$\Delta M\uparrow \rightarrow LM$ 우측으로 이동, ($LM \rightarrow LM'$) $\rightarrow Y\uparrow$ ($Y \rightarrow Y''$)

찾아보기

ㄱ

ㅂ

ㅅ

ㅇ

D

E

F

M

N

O

P

Q